W0383080

„MIT VERLAUB, HERR PRÄSIDENT, SIE SIND …“

„MIT VERLAUB, HERR PRÄSIDENT, SIE SIND …“

Wörter, die den Bundestag
in Atem hielten

Dudenverlag
Berlin

ZEIT ONLINE

INHALT

DARÜBER SPRICHT DER BUNDESTAG

EINE AUSWERTUNG ALLER REDEN IM PARLAMENT SEIT 1949

In großen metallenen Lettern steht es über dem Portal des Berliner Reichstags: »Dem deutschen Volke«. Hinter der Fassade verhandelt ein modernes Parlament, der Deutsche Bundestag, die Geschicke ebenjenes Volkes. Seit gut 70 Jahren gibt es ihn. Heute sitzen die Abgeordneten wie in einer Arena im blaugrauen Halbrund. Wer will, kann ihnen von den darüber schwebenden Besuchertribünen zuhören oder ihre Reden live im Parlamentsfernsehen verfolgen.

In den vergangenen 19 Legislaturperioden traf sich der Bundestag zu 4216 Sitzungen. Mehr als 200 Millionen Wörter haben die Stenografen und Stenografinnen des Parlaments in diesen Jahren mitgeschrieben. Doch nur winzige Ausschnitte dieser Reden schaffen es in die großen Nachrichten; der große Rest geht zu Protokoll und verschwindet anschließend in den Archiven.

ZEIT ONLINE hat die vollständigen Protokolle aller Plenarsitzungen in einer Datenbank gesammelt, sie durchsuchbar und vor allem vergleichbar gemacht. Jedes Wort, das die Abgeordneten im Plenum von sich gegeben haben, kann ausgewertet und mit anderen Begriffen in Zusammenhang gesetzt werden. »Was jemand willentlich verbergen will, sei es nur vor andern, sei es vor sich selber, auch was er unbewußt in sich trägt: die Sprache bringt es an den Tag«, schrieb der Romanist Victor Klemperer Ende der 1940er-Jahre in seinem »LTI – Notizbuch eines Philologen«. Der Sprachstil lege das Wesen der Menschen hüllenlos offen. Der Datenschatz der digitalisierten Bundestagsreden bietet einen Zugang zur Sprache unseres Parlaments, der nicht nur Aufschluss gibt über seine Sprache, sondern auch zum sich wandelnden Zustand der deutschen Demokratie.

WELCHE THEMEN WAREN AM WICHTIGSTEN?

Aber natürlich geht unsere Auswertung weit über den Sprachstil der Abgeordneten hinaus. Wir wollten vor allem wissen, worüber debattiert wurde: Wie ernst nahmen die Parlamentarier und Parlamentarierinnen in den vergangenen Jahren den Klimawandel? Wie häufig redeten sie über den Kohleausstieg, über Treibhausgase oder Plastikmüll? Was fürchteten, was hofften sie? War ihnen das Klima wichtiger als Rente, Arbeitslosigkeit wichtiger als Steuern – oder umgekehrt? Die grafische Analyse zeigt deutlich, zu welchem Zeitpunkt welche Themen debattiert wurden und wie sich die Aufmerksamkeit über die Jahre verändert hat.

Unsere Auswertung beginnt mit der ersten Sitzung des damals in Bonn neu konstituierten Bundestags am 7. September 1949 und endet mit der letzten Sitzung in Berlin vor der Sommerpause 2019, der Sondersitzung am 24. Juli, während derer Annegret Kramp-Karrenbauer als Verteidigungsministerin vereidigt wurde.

Unsere Datenbank macht es möglich, die Geschichte der Bundesrepublik wie in einem Vergrößerungsglas zu betrachten und dadurch ihre Wendungen, ihre Entwicklung zu verstehen. Die Kurven zeigen, welche Debatten groß und wortreich waren, welche klein. Was wurde wann häufig diskutiert, was in all den Jahren selten oder

PRÄGENDE THEMEN DER JAHRZEHNTE

Begriffe, die in dem entsprechenden Jahrzehnt deutlich häufiger in den Debatten vorkommen als in anderen Jahren

1950er	SCHUMAN-PLAN	AUßEN-HANDELS-FRAGEN	SOWJETZONE	SAARGEBIET	BESATZUNGS-KOSTEN
1960er	MITTELSTANDS-FRAGEN	EWG	ZOLLTARIF	FERNMELDE-WESEN	KENNEDY-RUNDE
1970er	GRUND-VERTRAG	KONJUNKTUR-ZUSCHLAG	SOZIAL-LIBERALE	GUILLAUME	VIERMÄCHTE-ABKOMMEN
1980er	EG	UMWELT-SCHUTZ	NULL-LÖSUNG	DOPPEL-BESCHLUSS	SDI
1990er	TREUHAND-ANSTALT	PFLEGE-VERSICHERUNG	EINIGUNGS-VERTRAG	KOSOVO	TRANSRAPID
2000er	EU	ÖKOSTEUER	BUNDES-AGENTUR	KLIMASCHUTZ	HARTZ
2010er	INTERNET	MINDESTLOHN	ENERGIE-WENDE	SOLDATINNEN	AFD-FRAKTION

nie, obwohl es vielleicht wichtig gewesen wäre?

Wie beispielsweise der Wohnungsbau. In den 1950er- und 1970er-Jahren ist er ein riesiges Thema in den Parlamentsreden. Auch in den Jahrzehnten danach beschäftigen sich die Parlamentarier und Parlamentarierinnen immer wieder mit der Frage, wie viel öffentlich geförderter Wohnraum gebraucht wird. 2003 ist damit Schluss. Schlagartig kommt das Stichwort »Wohnungsbau« nicht mehr vor. Auch der Ausdruck »Sozialwohnungen« verschwindet aus den Reden – für zehn Jahre. Gleichzeitig ist eine Konjunktur anderer Begriffe sichtbar, die bis dahin nie eine Rolle im Bundestag gespielt hatten: Immobilien und Immobilienwirtschaft beispielsweise. Eine Welle von Privatisierungen zeigt sich darin; viele Kommunen verkaufen Wohnungen, um Schulden zu tilgen. Erst 2013 wird wieder über den sozialen Wohnungsbau verhandelt. Denn inzwischen sind die Mieten so stark gestiegen, dass viele Menschen Existenzangst haben.

Natürlich lässt sich aus dem reinen Vorkommen einzelner Wörter noch nicht ableiten, ob die Abgeordneten für oder gegen ein Thema waren, wie darüber diskutiert wurde. Wer das verstehen will, muss in die entsprechenden Protokolle der Bundestagsreden schauen. Die Analyse eines einzelnen Begriffs kann auch Fallen bergen. Wer beispielsweise »Sorge« und »Sorgen« eingibt, sieht eine stetig steigende Kurve. Das bedeutet jedoch nicht, dass sich die Abgeordneten im Bundestag zunehmend Sorgen um das Land und seinen Zustand machen. Die Häufung wird durch die oft verwendeten Wendungen »Sorge tragen« und »dafür sorgen« verursacht – die eine ganz andere Bedeutung haben.

Trotzdem bietet die grafische Analyse der Begriffe die Chance, mehr über die Themen zu erfahren, die im Parlament verhandelt werden. Ihre Häufigkeiten sortieren sich zu Erregungskurven, die nicht nur die Interessen der Fraktionen und Parlamentarier abbilden, sondern in denen sich auch die öffentliche Stimmung zeigt. Schließlich bringen die Abgeordneten auch das zur Sprache, was die Wähler bewegt.

So hat kaum ein Thema in den vergangenen Jahrzehnten eine so intensive Debatte ausgelöst wie der Zuzug von mehr als einer Million Flüchtlingen und Schutzsuchenden 2015. Selbst das Schicksal der acht Millionen Vertriebenen wurde in den 1950er-Jahren im Parlament nicht so häufig erwähnt wie die Migrationsbewegung 2015 und 2016. Die Ausdrücke »Flucht« und »Flüchtlinge« schlagen in der Häufigkeit der Nennung nahezu jedes andere Thema – egal ob Sicherheit, Pflege oder Arbeitslosigkeit. Nur ein einziger Begriff hat einen ähnlich großen Ausschlag in der Häufigkeit verursacht und Deutschland offensichtlich ähnlich stark beschäftigt: die deutsche Einheit im Jahr 1990.

WIE HAT SICH DIE GESELLSCHAFT VERÄNDERT?

In den Bundestagsreden zeigt sich aber nicht nur das Aufkommen und Verschwinden einzelner Themen. Die Kurven geben auch Hinweise auf tiefgreifende Veränderungen der deutschen Gesellschaft.

So zeigt sich Anfang der 1980er-Jahre in den Bundestagsreden eine deutliche Zunahme der Wörter »Angst« und »Ängste«. Die 80er sind ein Jahrzehnt großer Umbrüche und schockierender Ereignisse. Im September 1982 zerbricht die sozialliberale Koalition von Helmut Schmidt. Ende 1983 stimmt der Bundestag der Forderung der NATO zu, neue Atomraketen in Deutschland zu stationieren, obwohl die Mehrheit der Bevölkerung dagegen ist. Der NATO-Doppelbeschluss, vor allem aber die Furcht vor einem Wettrüsten und einem Atomkrieg sind die beherrschenden Themen dieses Jahres. 1986 schließlich explodiert das sowjetische Atomkraftwerk Tschernobyl. All diese Ereignisse haben zu Spitzen in der Angstkurve geführt. Genau wie später die Jugoslawienkriege, die islamistischen Anschläge am 11. September 2001 oder die Katastrophe von Fukushima. Immer wenn ein solches Ereignis debattiert wird, reden die Parlamentarier und Parlamentarierinnen auch häufiger über Angst und Ängste.

Die Analyse kann auch zeigen, dass im Bundestag nicht nur geredet wird, sondern dass sich das Land durch die daraus folgende Politik tatsächlich verändert, was sich wiederum in der Wortwahl und -häufigkeit niederschlägt. Beispielsweise sind die Einstellungen zu Frauen, Feminismus und Frauenrechten im Parlament schon lange ein Thema; lediglich die Sprache dafür wandelt sich. Ursprünglich geht es in den entsprechenden Debatten um Gleichstellung, seit der zweiten Welle der Frauenbewegung Anfang der 1970er-Jahre dann um Emanzipation, in den 80ern und 90ern reden die Abgeordneten von der Frauenpolitik, dann über die Frauenquote. Heute wird das Thema mithilfe von Wörtern wie »Feminismus«, »Frauenrechte« oder »Gender Pay Gap« diskutiert.

In den Bundestagsprotokollen sind auch die Namen, Parteien und in vielen Fällen die Titel der Sprecher und Sprecherinnen enthalten. Sie zeigen, wie sich die Politik in Deutschland verändert hat: Immer häufiger sprechen Expertinnen, Ministerinnen, Politikerinnen. Die Bundeskanzlerin ist eine Frau und in der Bundeswehr dienen Soldatinnen. Die Häufigkeit der Nennung von »Frau« und »Herr« gleicht sich in den Reden über die Jahrzehnte immer weiter an.

Sprache ist ein Spiegel der Gesellschaft, die Wortvergleiche sind ein Weg, in diesen Spiegel zu schauen. So wird an den Beispielen »Geld« und »Unternehmen« erkennbar, dass die Wirtschaft einen immer größeren Raum in den Reden der Abgeordneten einnimmt. Über die Jahrzehnte werden sie immer häufiger genannt. Deutschland ist ein bedeutender Wirtschaftsstandort, und nur wenige Wörter in unserer Datenbank werden so regelmäßig und so oft erwähnt wie diese beiden. Nicht Bildung, nicht Umwelt, ja in den vergangenen Jahren nicht einmal Arbeit. Je reicher das Land wird, so scheint es, desto mehr beschäftigt es sich mit Geld. Oder ist der Zusammenhang umgekehrt?

Die Worthäufigkeiten verraten auch etwas über die deutsche Außenpolitik beziehungsweise über die Länder, mit denen sich der Bundestag oft beschäftigt. Anfangs sind es vor allem die Besatzungsmächte und im Kalten Krieg der sogenannte Ostblock. Inzwischen hat sich das Bild entscheidend gewandelt, Deutschland ist überall auf der Welt engagiert.

DIE SPRACHE DER ABGEORDNETEN

Selbstverständlich lässt sich in den Daten auch beobachten, wie die Abgeordneten miteinander umgehen. »Lümmel«, »Idiot«, »Übelkrähe« – manche Parlamentarier brachten es aufgrund ihrer Beleidigungen und Zwischenrufe zu einiger Berühmtheit. Doch das ist lange her. Der Bundestag sei zivilisierter geworden, heißt es heute, manche sagen: langweiliger. Auf den ersten Blick scheint sich das in der Wortanalyse widerzuspiegeln. Beispielsweise, wenn man sich die Häufigkeit des empörten Ausrufs »Unerhört!« anschaut oder die Menge der Ordnungsrufe, also Rügen durch den Parlamentspräsidenten oder die Parlamentspräsidentin. Betrachtet man die Begriffe »unerhört« und »Ordnungsruf«, meint man, dass die Anfangsjahre im Parlament recht rüpelhaft gewesen sein müssen. Demokratie und Umgang mit anderen Meinungen mussten offenbar erst geübt werden. Von den knapp 800 Ordnungsrufen, die in den Protokollen verzeichnet sind, entfällt ein großer Teil auf die ersten Legislaturperioden. Zwischen 1970 und 1985 gibt es dann noch einmal eine Hochphase des Streits und der Ausrufe, von da an wird es immer friedvoller.

Oder doch nicht? Einen Aufschwung erleben seit Mitte der 1980er-Jahre zwei andere Wörter, nämlich »Quatsch« und »Blödsinn«. Offenbar ändert sich nicht die Häufigkeit und das Maß der Empörung, sondern nur die Art, wie sie zum Ausdruck gebracht wird. Und seit die AfD 2017 in den Bundestag eingezogen ist, nehmen die Ordnungsrufe des Parlamentspräsidiums wieder zu. KAI BIERMANN ■

SO FUNKTIONIEREN DIE GRAFIKEN

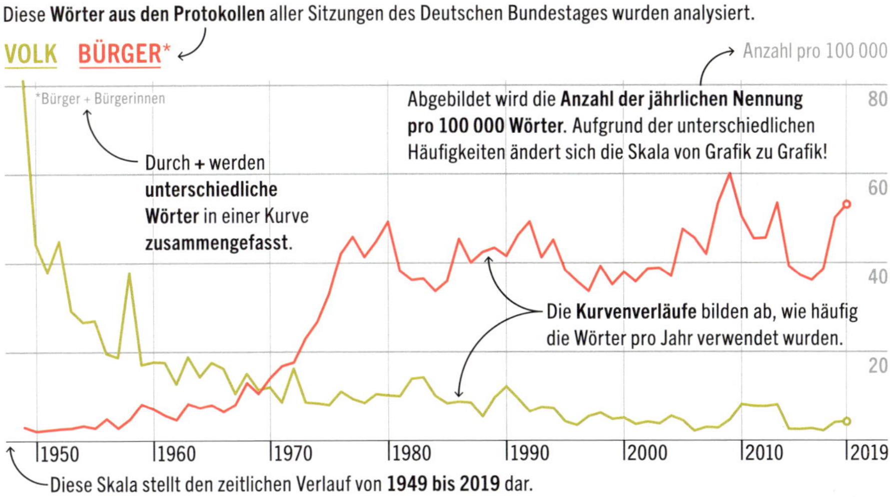

ZU DEN GRAFIKEN

Die Kurven bilden ab, wie häufig ein Wort über die Jahre hinweg in den Debatten des Bundestags verwendet wurde. Um die Aufmerksamkeit, die die Begriffe erfahren haben, vergleichbar zu machen, zeigen wir die jährliche Nennung pro 100 000 Wörter.

WOHER STAMMEN DIE DATEN?

Wir haben die Protokolle aller Sitzungen des Deutschen Bundestags analysiert: 4216 Protokolle aus 19 Legislaturperioden. Sie stammen aus dem Open Data Portal des Bundestags. Jede Sitzung wird dort von Stenografen und Stenografinnen genau dokumentiert und auf diesem Portal veröffentlicht. Unsere Auswertung beginnt mit der ersten Sitzung am 7. September 1949 und endet mit der letzten Sitzung vor der Sommerpause 2019 am 24. Juli 2019.

WIE WURDEN DIE DATEN VERARBEITET?

Protokolliert wird im Bundestag nicht nur jedes gesprochene Wort, sondern auch, wer gerade spricht, welcher Partei er oder sie angehört und welche Zwischenrufe es gibt. Diese Randbemerkungen, aber auch Tagesordnungspunkte oder Drucksachen können auch in unserem Datensatz enthalten sein.

Wer diesen selbst nach Wörtern durchsuchen will, kann das tun auf: https://www.zeit.de/bundeswoerter.

POLITISCHE HERAUS-FORDERUNGEN

Arbeit, Friedenssicherung, Finanzen oder Umwelt – es gibt Themen, mit denen beschäftigen sich die Abgeordneten des Bundestags über die Jahrzehnte immer wieder. Das politische Tagesgeschäft. Und dann gibt es Herausforderungen, die den politischen Alltag vollkommen durcheinanderbringen: Die deutsche Einheit gehörte dazu mit all ihren wirtschaftlichen und gesellschaftlichen Begleitproblemen oder die vielen Geflüchteten, die ab 2015 nach Deutschland kamen. Ihr Schicksal und die damit verbundenen Veränderungen der Gesellschaft haben den Bundestag mehr umgetrieben als alle anderen Themen in den vergangenen 70 Jahren.

Umweltschutz und Klimawandel wurden von den Abgeordneten seit Mitte der 80er-Jahre immer wieder diskutiert. Besonders lebhaft waren die Debatten über die Ablösung von Kohlekraftwerken (im Hintergrund das Kraftwerk Neurath) und Atomenergie durch erneuerbare Energien.

THEMEN, DIE BLEIBEN

Umwelt, Frieden, Arbeitslosigkeit: Was sind die Megathemen der deutschen Politik? Und: Was deren Konjunktur über dic Entwicklung unseres Landes verrät.

Es gibt Themen, die plötzlich auftauchen und den politischen Diskurs eine Zeit lang dominieren. Beispiele aus dem noch jungen 21. Jahrhundert sind der Brexit oder die Vogelgrippe. Und derzeit natürlich das Coronavirus. Es handelt sich dabei um Begriffe, die vorher gar nicht existiert oder zumindest keine Rolle gespielt haben. Und die danach, wenn das Problem gelöst oder die Bedrohung beseitigt war, schnell wieder verschwanden.

Auch aus dem 20. Jahrhundert gibt es genügend Beispiele für solche Themen, die kurze Zeit von zentraler Bedeutung waren: In den 1950er-Jahren war das etwa das Saarstatut, in den 1960ern die Notstandsgesetze, in den 1970ern die Ölkrise, in den 1980ern der NATO-Doppelbeschluss, in den 1990er-Jahren die Golfkriege. Zu all diesen Begriffen wurden innerhalb einer kurzen Zeitphase etliche Debatten im Bundestag geführt und Leitartikel geschrieben. Heute werden sie kaum noch erwähnt. Den meisten Jüngeren muss man sie sogar erklären. Es gibt aber auch Themen, die bleiben. Solche, die die Gesellschaft und somit auch den Bundestag über 70 Jahre hinweg interessierten. Mal mehr, mal weniger intensiv, aber doch kontinuierlich und stets kontrovers.

Fragt man bei den demoskopischen Instituten nach, welches diese Megathemen der deutschen Politik sind, ähneln sich die Antworten. Die Probleme, die die meisten der befragten Bürger und Bürgerinnen (zum Beispiel vor Wahlen) als relevant einordnen, sind oft die gleichen, die es auch schon vor Jahrzehnten waren. Mitunter ändert sich deren Bedeutung, aber die Sachen als solche bleiben wichtig. Das zeigen folgende vier Beispiele.

EINE NATION VON FLÜCHTLINGEN

Zunächst zu den Flüchtlingen, die in der zweiten Hälfte der 2010er-Jahre für so viele Nennungen wie kein anderes Thema in der Geschichte des Bundestags sorgten. Dabei sind Flucht und Vertreibung Phänomene, die die Bundesrepublik schon in ihrer Gründungszeit beschäftigten. Allerdings waren das Thema und somit auch die Stoßrichtung der Debatte damals andere als in den Jahren ab 2015.

Anfangs, in den späten 1940er- und frühen 1950er-Jahren, waren die Deutschen selbst eine Nation von Flüchtlingen. 1950 lebten in der Bundesrepublik knapp zwölf Millionen Heimatvertriebene, zumeist mit deutscher Staatsbürgerschaft. Die »Neubürger«, wie man sie damals nannte, mussten angesiedelt und integriert werden, was vielerorts zu Konflikten mit den Alteingesessenen führte. In dieser Zeit bildete sich der »Block der Heimatvertriebenen und Entrechteten« (BHE), sozusagen eine Partei von Flüchtlingen und für Flüchtlinge, die nach 1953 zwei Bundesminister stellte und in manchen Bundesländern auf Ergebnisse von über 20 Prozent kam.

Nachdem die Neubürger und -bürgerinnen integriert waren, verlor die Flüchtlingsproblematik zunächst an Bedeutung. Anders als manche EU-Partner war Westdeutschland ein Staat mit einer eher geringen Zahl an Asylsuchenden. Anfang der 90er-Jahre änderte sich das. Mit dem Fall der Mauer und dem Krieg in Jugoslawien zog es nun viele Schutzsuchende nach Deutschland. Im Vergleich zu den Nachkriegsjahren war es zahlenmäßig zwar nur ein Bruchteil, aber die frisch wiedervereinigte deutsche Politik reagierte weitaus restriktiver. Das Asylrecht, das bis dahin als eines der liberalsten der Welt galt, wurde 1993 im sogenannten »Asylkompromiss« ausgehöhlt.

Mit noch größerer Wucht kehrte die Flüchtlingsthematik 2015 auf die politische Agenda zurück. Sie dominierte nicht nur in diesem Jahr die Debatten und Wahlkämpfe (siehe auch Seite 117 ff.).

UMWELT UND FRIEDEN

Als Topthema abgelöst wurden die Flüchtlinge drei Jahre später von der Umwelt- und Klimapolitik. Eine große Hitzewelle im Jahr 2018, der Skandal um manipulierte Abgaswerte wichtiger deutscher Automobilhersteller und neue Studien zum Klimawandel verhalfen diesem Themenkomplex zu neuer Relevanz. Protestgruppen formierten sich jenseits des Parlaments, etwa die *Fridays-for-Future*-Bewegung.

Aber, auch das zeigen unsere Kurven, neu war die Umweltproblematik nicht. Schon in der Mitte der 1980er-Jahre hatten die Politiker im Bundestag ausgiebig über Umweltschutz und Klimawandel diskutiert. Angeregt hatten das nicht zuletzt die neuen Parlamentarier und Parlamentarierinnen von den Grü-

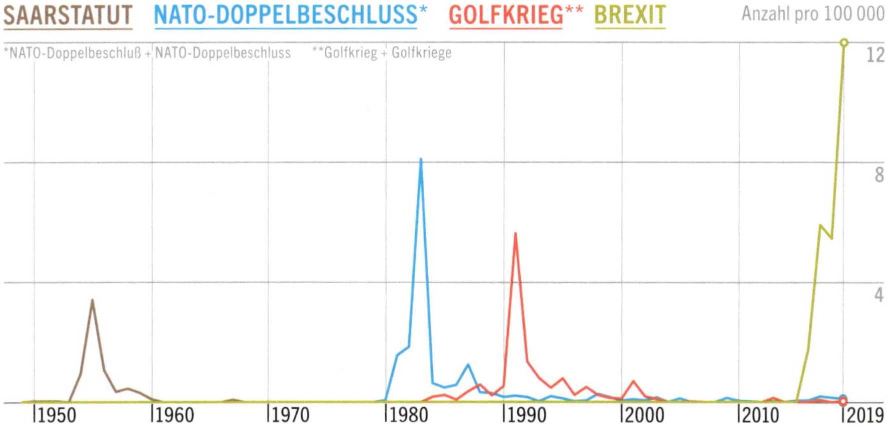

nen, die sich als Teil einer ökologischen Basisbewegung verstanden (siehe auch Seite 30 ff.).

Und als Teil einer Friedensbewegung. Die pazifistische Grundhaltung war charakteristisch für die Anfangsphase der Grünen. Zum Teil lässt sich dadurch die einmalig hohe Erwähnung des Begriffs »Frieden« 1983 erklären. Aber auch die Debatten über den NATO-Doppelbeschluss und die Aufrüstung des Westens im Kalten Krieg trugen dazu bei. Das rigorose pazifistische Haltung der Grünen änderte sich spätestens, als sie 1998 Teil der rot-grünen Bundesregierung wurden. Unter dem grünen Außenminister Joschka Fischer beteiligte sich die Bundesrepublik im Kosovo an ihrem ersten Kampfeinsatz seit dem Zweiten Weltkrieg. All das wurde im Bundestag intensiv besprochen, was die häufige Erwähnung des Begriffs »Frieden« begründet.

Die Beschäftigung der Abgeordneten mit Krieg und Frieden korrespondierte stets mit den real stattfindenden Konflikten auf der Welt (siehe dazu auch Seite 122 ff.). 1973 jedoch hatte die häufige Erwähnung des Friedens noch eine andere Ursache. Bundeskanzler Willy Brandt wurde für seine Entspannungspolitik im Osten mit dem Friedensnobelpreis ausgezeichnet, was die Sozialdemokraten stolz, die Christdemokraten eher spöttisch kommentierten.

ZU WENIG ARBEIT, ZU WENIG ARBEITER

Ein anderes Thema, das jahrzehntelang die politische Debatte hierzulande geprägt hatte, verlor zuletzt ein wenig an Bedeutung: die Arbeitslosigkeit. Ab 1973 erlebte Westdeutschland eine Rezession infolge der Ölpreiskrise. Die Zahl der Arbeitslosen schnellte nach oben. Ähnliches wiederholte sich noch einmal Anfang der 1980er-Jahre. Pessimismus und eine *No-Future*-Haltung prägten damals die Stimmung unter den Jugendlichen. Die vielen Arbeitslosen kamen natürlich auch den Staat teuer zu ste-

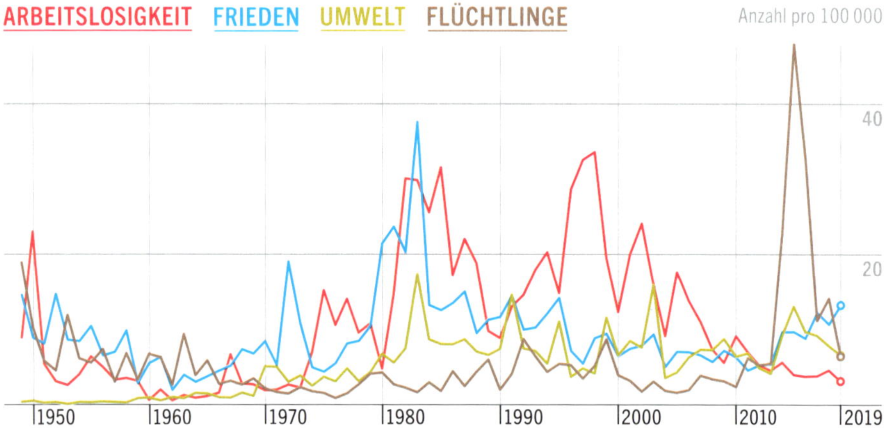

hen, was auch den Bundestag oft beschäftigte.

Zu einem dominanten Problem wurde die Arbeitslosigkeit für die rot-grüne Bundesregierung nach 1998. Infolge der Wiedervereinigung hatten viele Ostdeutsche ihren Job verloren. Hinzu kamen Strukturprobleme im Westen und ein relativ großzügiges Sozialsystem, das wenig Anreize bot, auf die Arbeitslosenhilfe zu verzichten. All das hatte zu Anfang des neuen Jahrtausends zu fast fünf Millionen Arbeitslosen geführt. Rot-Grün reagierte darauf mit den Hartz-Reformen. Unter diesen einschneidenden Maßnahmen leidet die SPD bis heute, aber die Zahl der Arbeitslosen sank damals schnell und spürbar.

Bald gab es in Deutschland eine annähernde Vollbeschäftigung. Nun hieß das Problem: Fachkräftemangel. Hatte es eben noch zu wenig Arbeit gegeben, gab es nun zu wenig Arbeitskräfte. Die einst so dominante Arbeitslosigkeit verlor konsequenterweise in den Debatten an Aufmerksamkeit. Doch es ist nicht ausgeschlossen, dass sie eines Tages wiederkommt. Das Coronavirus war ein Schock, auch für den Arbeitsmarkt. Außerdem lehrt unsere Grafik: Die großen Themen kehren immer wieder zurück. **MICHAEL SCHLIEBEN** ■

AUCH DIE ARMEN HABEN EINE LOBBY

Der Vorwurf, Politik kümmere sich nicht um die Menschen, ist ungerecht. Um Arbeitslose beispielsweise kümmert sich der Bundestag durchaus, wie die Recherchen in den Protokollen zeigen.

Arme Menschen haben keine Lobby? Nein, das stimmt nicht, zumindest nicht für den Deutschen Bundestag. Es wird ja gern auf die Politik und die Politiker geschimpft dieser Tage. Da tut es dringend not, sie auch einmal zu verteidigen. Der Blick in die Protokolle belegt, dass die Bundestagsabgeordneten sich um Arbeitslose und Arbeitslosigkeit stets eine Menge Gedanken gemacht, dass sie ständig über das Thema debattiert haben.

Immer dann, wenn in den vergangenen 70 Jahren im Land die Arbeitslosenquote stieg, wuchs auch im Bundestag der entsprechende Redeanteil. Die Parlamentarier und Parlamentarierinnen sorgten sich ganz offensichtlich um jene, die der Arbeitsmarkt freisetzte – um einen der Euphemismen zu gebrauchen, mit dem der Rausschmiss von Beschäftigten gern beschönigt wird.

Allerdings zeigt die Worthäufigkeit in den Parlamentsprotokollen auch, dass diese Sorge nicht ganz im Verhält-

ARBEITSLOSIGKEIT*

Anzahl pro 100 000

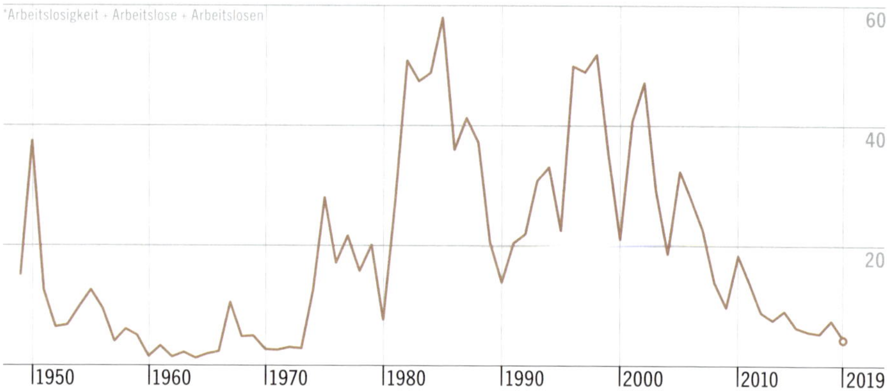

nis zur Zahl der Arbeitslosen stand. Bei der Wahrnehmung von Not, so scheint es, gibt es Abstufungen.

Dreimal in ihrer Geschichte erlebte die Bundesrepublik eine Arbeitslosenquote, die die Rekordmarke von elf Prozent erreichte. Das erste Mal kurz nach ihrer Gründung. Das Land war zerstört, der Wiederaufbau mithilfe des Marshallplans hatte gerade erst begonnen. Die Statistik zählte 1950 insgesamt 1,9 Millionen Arbeitslose – das entsprach damals elf Prozent der Erwerbspersonen.

Das zweite Mal erreichte die Arbeitslosenquote die Marke von elf Prozent 1997. Rund 3,6 Millionen Menschen hatten damals keine Arbeit. Das dritte Mal wurde die Marke dann 2005 überschritten. In diesem Jahr lag die Zahl der Arbeitslosen sogar bei 4,9 Millionen Menschen, ein davor und danach nie wieder erreichter Höchstwert. Wird nur Ostdeutschland betrachtet, wo nach der Wende viele Menschen ihre Jobs verloren, zeigte die Arbeitslosenquote sogar einen noch höheren Spitzenwert, sie lag dort – bezogen auf alle Erwerbspersonen – bei fast 18 Prozent.

In allen drei Krisenperioden wurde Arbeitslosigkeit im Bundestag sehr viel häufiger diskutiert als in anderen Jahren und war in vielen Parlamentsreden Thema. Doch überraschenderweise findet sich die häufigste Verwendung der (zusammengerechneten) Begriffe »Arbeitslosigkeit« und »Arbeitslose« in einem ganz anderen Jahr: 1985. Da betrug die Arbeitslosenquote – in Westdeutschland – lediglich knapp acht Prozent; circa zwei Millionen Menschen waren ohne Job.

REKORDWERT WEGEN STATISTIKUMBAU

Der Beginn der 80er-Jahre brachte für die Bundesrepublik eine harte Zäsur. Bis dahin war das Land immer nur reicher geworden. Die erste Ölkrise in den 70ern war schon ein Schock gewesen, die zweite Ölkrise 1982/83 verstärkte die Angst vor Abstieg und Armut. Außerdem wurden Sozialausgaben gestrichen, Steuern erhöht. Nach Jahrzehnten des wachsenden Wohlstands machten sich viele Menschen zum ersten Mal Sorgen, es werde nicht ewig so weitergehen. Zum ersten Mal seit der Gründung der Bundesrepublik erreichte die Arbeitslosenquote 1985 zudem einen Wert, der an die schweren Anfänge erinnerte. Entsprechend wichtig war den Abgeordneten im Bundestag das Thema.

Der Rekordwert von 2005 hatte dagegen einen Grund, der vor allem in der Verwaltung lag und nicht im Arbeitsmarkt. In diesem Jahr wurden im Rahmen der Hartz-IV-Reform die Arbeitslosen- und Sozialhilfe zusammengelegt und die Arbeitslosenstatistik entsprechend umgebaut. Fast 400 000 Menschen – so eine Schätzung der Bundesagentur für Arbeit –, die bislang zwar Sozialhilfe bezogen hatten, aber nicht als arbeitslos galten, wurden nun auch in der Arbeitslosenstatistik aufgeführt.

Der Wirtschaft hingegen ging es zu dieser Zeit gar nicht so schlecht, weswegen im Jahr darauf die Arbeitslosenquote sank. Daher wurde im Bundestag 2005 auch weniger und weniger anhaltend über Arbeitslosigkeit und Arbeitslose debattiert als in den Jahren mit Rekordquote zuvor.

Ende der 90er-Jahre hingegen, der dritten Negativrekordperiode, war die Arbeitslosigkeit nahezu ebenso häufig und ebenso ausdauernd Thema im Bundestag wie 1985. Auch diese Jahre waren eine Zeit großer gesellschaftlicher Veränderungen. Die Wende war vollzogen und hatte der Wirtschaft im Westen einen beachtlichen Boom beschert, der nun abflaute, da Deutschland weniger exportieren konnte. Die Finanzierung der Wende hatte außerdem die Schuldenlast des Bundes enorm vergrößert. Drei Jahre lang debattierten die Abgeordneten das Thema von nun an mit gleichbleibend hoher Häufigkeit.

Natürlich sagt das nichts darüber aus, wie sie darüber diskutierten, ob sie den Fakt dramatisch fanden oder nicht. Die Häufigkeit gibt auch keinen Hinweis darauf, was die Politiker und Politikerinnen dagegen unternahmen. Eines aber ist sicher: Egal war ihnen die Arbeitslosigkeit nie. Und das kann durchaus ein Indiz dafür sein, dass sie die Sorgen der Menschen ernst nahmen und nehmen.

KAI BIERMANN ■

ÜBER SCHULDEN SPRECHEN WIE HELMUT SCHMIDT

Jahrzehntelang waren Schulden ein bestimmendes Thema im Bundestag. Bis die Debatte in der Eurokrise gipfelte – und danach fast ganz verschwand.

Es klang schon etwas merkwürdig, worüber im Herbst 2019 im Bundestag gesprochen wurde. Deutschland soll neue Schulden machen, obwohl doch reichlich Geld vorhanden ist. Seit geraumer Zeit nimmt der Staat viel mehr ein, als er ausgibt – die Überschüsse waren in den vergangenen Jahren so groß wie nie zuvor. Dabei drehte sich die Diskussion jahrzehntelang um die Frage, wie sich weniger Geld ausgeben lässt, wie man die Schulden in den Griff bekommt. In 70 Jahren Bundestag waren Debatten über neue Schulden meistens Krisendebatten.

Am 10. September 2019 sprach nun Bundesfinanzminister Olaf Scholz zu den Abgeordneten über den neuen Haushalt für das kommende Jahr. Es werde 2020 die höchste Summe seit Jahren investiert und trotzdem müsse der Bund keine neuen Schulden aufnehmen. Eine »besondere Leistung«, fand der SPD-Politiker. Und dennoch mehrten sich in der Opposition und der öffentlichen Debatte die Stimmen, die dafür plädierten, wieder neue Schulden aufzunehmen, um noch mehr zu investieren, vor allem in den Klimaschutz. Die Politik streitet zwar wieder über Schulden – aber bei Weitem nicht so viel wie noch vor zehn Jahren.

SCHULDEN WAREN KAUM EIN THEMA

Wie einzigartig die Situation zur Zeit der Finanzkrise war, wird umso deutlicher, wenn man zurückschaut auf die Reden in 70 Jahren Bundestag über die Finanzen des Staates. In den ersten Jahrzehnten der jungen Bundesrepublik spielte das Thema Schulden kaum eine Rolle. Schließlich waren die Verbindlichkeiten in den Jahren der Kanzlerschaft Konrad Adenauers insgesamt relativ gering. Bis Mitte der 1970er-Jahre fiel das Wort Schulden im Bundestag eher selten.

Die Situation änderte sich erst in der Zeit der sozialliberalen Regierungskoalition aus SPD und FDP, zunächst unter Bundeskanzler Willy Brandt und später unter Helmut Schmidt. Die Ausgaben des Staats stiegen von Jahr zu Jahr, die Sozialleistungen wurden erhöht, die Investitionen ausgeweitet. Die Ölkrise brachte einen Abschwung, die Konjunktur lief in den 70er-Jahren schwächer als zur Zeit des Wirtschaftswunders.

Ein erster Höhepunkt in der bundesdeutschen Schuldendebatte war schließlich im Jahr 1982 erreicht, als die sozialliberale Koalition endete und der CDU-Vorsitzende Helmut Kohl neuer Bundeskanzler einer schwarz-gelben

Regierung wurde. 241-mal fiel in diesem Jahr des Regierungswechsels im Bundestag das Wort »Schulden«, so oft wie nie zuvor. Zu diesem Zeitpunkt hatte auch die tatsächliche Verschuldung des Staats einen Höchststand erreicht.

In den folgenden Jahren pendelte sich die Schuldendebatte auf hohem Niveau ein; recht häufig kam es zu Diskussionen im Bundestag darüber. Parallel dazu wuchs die Staatsverschuldung weiter, wenn auch langsamer als in der Zeit zuvor. Bis das Jahr 1989 kam, als die Berliner Mauer fiel und in der Folge die Regierung von Helmut Kohl die Wiedervereinigung der beiden Teile Deutschlands durchsetzen konnte.

SPAREN WIRD PLÖTZLICH EIN THEMA

Das Schuldenthema wurde wieder wichtiger, auch weil wirtschaftlich schwierige Zeiten anbrachen. Die Ausgaben für die deutsche Einheit waren immens, gleichzeitig stieg die Arbeitslosigkeit sprunghaft an. 1999, im Jahr nach der Wahl von Gerhard Schröder zum Bundeskanzler, waren die Schulden wieder ein Topthema im Bundestag. Immer häufiger war jetzt auch vom Sparen die Rede. Die rot-grüne Regierung verabschiedete später die Agenda 2010, durch die vor allem die Sozialausgaben reduziert werden sollten.

Trotzdem stiegen die Schulden weiter und erhöhten sich noch einmal stark im Jahr 2010. Die Folgen der Finanzkrise in den USA trafen Europa und somit auch Deutschland. Mit einem umfangreichen Konjunkturprogramm hielt die Bundesregierung dagegen und steigerte noch einmal die Ausgaben. Aber die Krise hielt nicht lange an in Deutschland, es waren bald die Schulden der anderen Euroländer, über die jetzt so viel wie nie im Bundestag gesprochen wurde. In den Jahren 2012 und 2015 war von Griechenland weit häufiger die Rede als von Schulden insgesamt.

Aber auch diese Krise scheint inzwischen überwunden zu sein. Schließlich

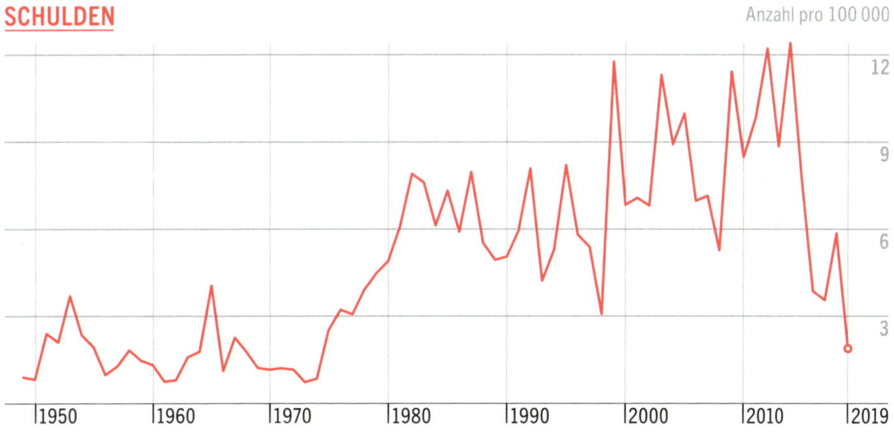

kann Deutschland seit einigen Jahren sogar seine Verbindlichkeiten reduzieren, sodass ein neuer Tiefstand in der Schuldendebatte erreicht ist: Im Bundestag wird heute wieder in etwa so wenig über Schulden gesprochen wie zu Helmut Schmidts Zeiten. ZACHARIAS ZACHARAKIS ■

DREI TAGE KIRSCH-KUCHEN

Kurz, aber dafür heftig wurde im Bundestag über Kirschkuchen gesprochen: als Angela Merkel von Gerhard Schröder forderte, er solle sich doch selbst einen backen.

Die Bundeskanzlerin, das ist bekannt, liebt deutsche Hausmannskost. Wenn Angela Merkel kocht, dann bevorzugt schlicht und deftig, was sich beispielsweise in der Zubereitung ihrer legendären Kartoffelsuppe zeigt. Für die wird kein Pürierstab benötigt, sondern lediglich ein Kartoffelstampfer, »so bleiben in der Konsistenz noch immer kleine Stückchen übrig«, verriet die Kanzlerin einmal der *Bunten*.

Was Merkel in ihrem Kirschkuchen verbackt, ist nicht überliefert – allerdings zeigt die Analyse der Protokolle, was sie in ihren Bundestagsreden verbackt: Kirschkuchen. Es ging an diesem 10. September 2003 im Deutschen Bundestag, da war Merkel noch Fraktionschefin der oppositionellen Union, um das Angebot des damaligen Bundeskanzlers Gerhard Schröder (SPD), mit der CDU und CSU unter anderem beim Vorziehen der Steuerreform zusammenzuarbeiten – worauf Merkel entgegnete: »Wir werden nicht im Anschluss an eine Idee, die nicht die unsrige war, Ihre Arbeit machen.«

Bei der SPD wurde gelacht, aber Merkel sprach weiter: »Das ist so, als wenn Sie sich hinstellen und sagen – ich habe das schon öfter festgestellt –: ›Wir brauchen Kirschkuchen, kennen Sie ein Backrezept dafür?‹ – Wenn Sie Kirschkuchen brauchen, backen Sie ihn sich selbst! Wir essen dann gerne mit, Herr Bundeskanzler.«

Die Rede Merkels war eine eher unterdurchschnittliche, was auch am etwas unglücklichen Einstieg lag. »Wenn Sie in drei oder vier Jahren wieder hier stehen ...«, sagte Merkel in die Richtung von Schröder. Erst dem Kontrahenten die Wiederwahl vorhersagen und dann auch noch die Sache mit dem Kirschkuchen. Die *Süddeutsche Zeitung* schrieb am nächsten Tag von einem »*bad hair day*«, einem Tag, »an dem nichts gelingt, nicht einmal die Frisur«. Genüsslich stürzten sich auch die Regierungsparteien auf Merkels etwas ungelenke Back-Metapher. Besonders deutlich wurde am Folgetag Umwelt-

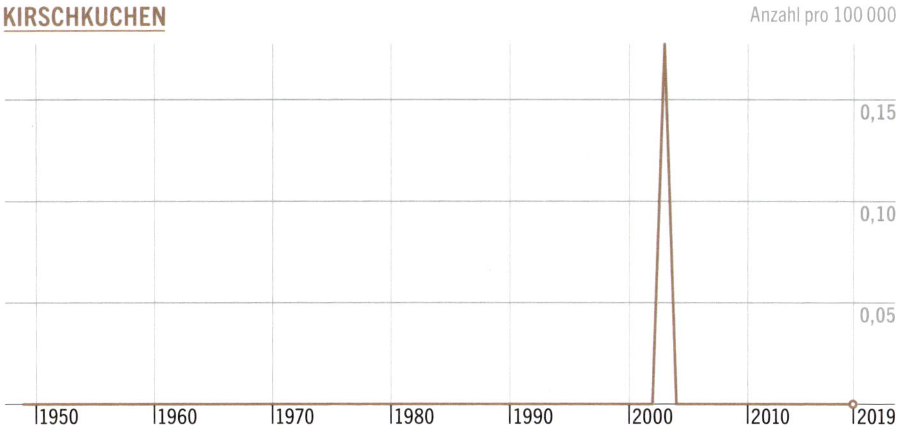

minister Jürgen Trittin (Grüne): »Meine Damen und Herren, ich habe der Debatte von gestern entnommen, dass sich Frau Merkel zu der Frage des Backens von Kirschkuchen geäußert hat. Wenn ich das Verhalten der Union im Bundesrat sehe, dann kann ich Ihnen nur sagen: Sie sind selbst zu blöde, nach Ihrem eigenen Rezept Kirschkuchen zu backen.« Trittin ging die Oppositionsführerin so hart an, dass er von Bundestagsvizepräsident Hermann Otto Solms (FDP) ermahnt wurde.

Nun hat die Geschichte gezeigt, dass Angela Merkel nicht nur mitessen und backen, sondern durchaus die politische Menüfolge selbst bestimmen kann. Die Frau, die in diesen Septembertagen von den rot-grünen Herren so belacht wurde, musste allerdings noch etwas mehr als zwei Jahre warten, bis sie am 22. November 2005 zur Bundeskanzlerin gewählt wurde. Von Kirschkuchen hat seitdem im Deutschen Bundestag niemand mehr gesprochen. **TOBIAS DORFER** ■

UND PLÖTZLICH: ATOMKRIEG

Mit Angst und ihrer Austreibung lässt sich Politik machen. Welche Katastrophen wurden seit 1949 in Bundestagsreden beschworen und wie wurde die Bevölkerung beschwichtigt?

Angst, schrieb der Philosoph Martin Heidegger in seinem wegweisenden Frühwerk »Sein und Zeit« 1927, sei eine Grundbefindlichkeit des menschlichen Daseins. Hat der Mensch Angst, dann bekomme die Welt den »Charakter völliger Unbedeutsamkeit« und ihre »Bewandtnisganzheit sinkt in sich zusammen«.

Heideggers Sätze sind klug und inzwischen klassisch, aber sie machen denkfaul. Denn aus der Tatsache, dass die Angst zum Menschen gehört, folgt ja nicht, dass die Auslöser dieser Angst ebenfalls zum Menschsein gehören. Ängste haben einen historischen Kern, und ein Blick in die Bundestagsdebatten belegt das eindrucksvoll. Im Jahr 1958 schießt die Begriffsstatistik erstmals steil nach oben; auf einen Schlag scheint Deutschland in Panik zu verfallen, auch wenn es in der Bevölkerung schon vorher genügend Ängste gab, zum Beispiel die Furcht, die Alliierten könnten Vergeltung üben für die deutschen Menschheitsverbrechen.

ATOMKRIEG ALS FOLGE DER ATOMKRIEGSANGST

Doch 13 Jahre nach Kriegsende wurde Kriegsangst zum großen Thema im Bundestag. Im Jahr zuvor hatte die Öffentlichkeit erfahren, dass Bundeskanzler Konrad Adenauer (CDU) und sein Verteidigungsminister Franz Josef Strauß (CSU) planten, die Bundeswehr mit Atomwaffen aufzurüsten – für sie nur eine »Weiterentwicklung der Artillerie«. In vielen Städten kam es daraufhin zu Großdemonstrationen im »Kampf gegen den Atomtod«. Berühmte Atomforscher – unter ihnen Otto Hahn, Werner Heisenberg und Carl Friedrich von Weizsäcker – protestierten in ihrem »Göttinger Appell» gegen die Aufrüstung. Auch 83 Prozent der Bevölkerung lehnten sie ab.

Es half nichts. Im März 1958 billigte das Parlament die Stationierung von Atomwaffen; vergeblich hatte die SPD in einer parlamentarischen Redeschlacht eine Volksbefragung gefordert. Die Regierung Adenauer sah darin nur ein billiges parteipolitisches Kalkül, zudem sei die Protestbewegung von Kommunisten unterwandert. Im Übrigen könne man sich auf die Logik der Abschreckung verlassen. Genau das bestritt der SPD-Abgeordnete Ludwig Metzger mit einem ungewöhnlichen Argument: Die Abschreckungslogik, meinte er, sei in Wirklichkeit nur zum Schein rational. In Wirklichkeit setze sie eine unerträgliche seelische Anspannung frei, eine so irrationale Angst, dass am Ende sehr wohl eine Panikreaktion ausgelöst und die Maschine in Gang gesetzt werden könnte. Der Atomkrieg als Folge der Atomkriegsangst: »Auf beiden Seiten besteht doch die Angst, und sie wird eines Tages das auslösende Moment sein.«

In den folgenden Jahren ging die Angst-Rede im Bundestag stark zurück, auch wenn in der Gesellschaft, wie man Frank Biess' Studie »Republik der Angst» (Rowohlt, 2019) entnehmen kann, alle möglichen Horrorszenarien diskutiert wurden, vor allem die Angst vor dem Sieg der Roboter über die menschliche Arbeitskraft. In den späten 60er-Jahren hatten die demonstrierenden Studenten Angst vor dem wiederkehrenden Faschismus und der »hart arbeitende Bürger« vor der kommunistischen Revolution. Biess hat recht: »Die Geschichte der Angst in der Bundesrepublik war die Geschichte eines angsterfüllten Zukunftsbezugs, der wesentlich aus der anhaltenden Präsenz der katastrophalen Vergangenheit resultierte.«

Ende der 70er-Jahre stieg die Angst-Rede im Bundestag stark an, und 1982 hielten 90 Prozent der Grünen-Wähler sogar einen neuen Weltkrieg für möglich. Im Streit um die NATO-Nachrüstung entstand die größte Friedens- und Protestbewegung in der Geschichte der Bundesrepublik; im Oktober 1983 demonstrierten mehr als eine halbe Million Menschen im Bonner Hofgarten gegen die Aufstellung von Pershing-Raketen durch die neu gewählte Regierung Kohl. Die Grünen waren frisch in den Bundestag eingezogen, der Ton war rau, die Debatte heftig. Wie schon 1958 beruhigten CDU und CSU das Plenum mit der Logik der Abschreckung, während ihre Kritiker einfach nicht glauben wollen, dass eine stetig wachsende Anzahl von Nuklearwaffen die Gefahr eines Kriegs sinken lässt. Die Grünen hatten eine – wie man heute weiß – begründete Angst vor einem zufällig ausgelösten Atomkrieg, im Gegensatz zur Regierung Kohl, die ein profundes Gottvertrauen in die Technik an den Tag legte und beteuerte, es habe »in der Vergangenheit keine Computerfehler« gegeben. Auch furchterregende Zitate aus dem Mund von

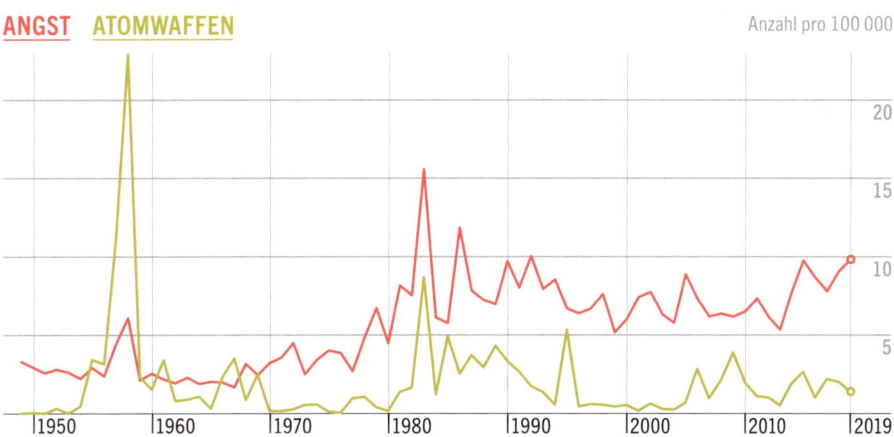

Ronald Reagans Militärberater Colin S. Gray, wonach man dem »sowjetischen Huhn den Kopf abschneiden« müsse, ließ die Regierung angstfrei abtropfen. Ebenso wirkungslos blieb der anklagende Hinweis der Grünen, wonach die Alliierten in der Atlantik-Charta jedem Bürger Angstfreiheit versprochen hätten. Lang ist's her.

REDE VON DER »GERMAN ANGST«

Wie schon 1958, so wurde auch in der Nachrüstungsdebatte 1983 die Forderung nach einer »konsultativen Volksbefragung« laut; diesmal kam sie von den Grünen. Die Stationierung atomarer Mittelstreckenraketen sei eine Schicksalsfrage und dafür müssten die Bürger gehört werden. Das Gegenargument der Regierung kannte man schon: Anstatt »den Menschen Vertrauen und Sicherheit zu geben«, würden Ängste instrumentalisiert. »Angst und Emotion sind schlechte Ratgeber, wenn es um die Sicherheit unseres Volkes geht.« Auch ein Dunkelmann schlich durch den Debattennebel, es ist der Feind des Vaterlandes, der Deutschland von den Verbündeten entfremdet und »antiamerikanische Gefühle« weckt. In Wirklichkeit, so ein CDU-Abgeordneter, sei die NATO die »größte internationale Friedensbewegung«.

Natürlich betrieb auch die Bundesregierung Angstpolitik, was nach der massiven sowjetischen Aufrüstung durch SS-20-Raketen nicht unbedingt weltfremd war. Weltfremd dagegen wirkte der Auftritt der Grünen-Abgeordneten Christa Nickels, die Helmut Kohl 1983 eine Kette aus Papierkranichen überreichte, die sie aus Hiroshima mitgebracht hatte. Nickels scheint tief von jenem pazifistischen »Schwärmertum« beseelt gewesen zu sein, das die Christdemokraten schon in den 58er-Debatten nicht hatten ausstehen können. Und doch, von heute aus gesehen: War ihre Geste nicht auf pathetische Weise verrückt angesichts einer angstfreien militärischen »Vernunft«, die die Fähigkeit steigern sollte, den Planeten künftig nicht nur 30-, sondern 31-mal in die Luft zu sprengen?

Es dauerte keine drei Jahre, bis auch die Bundesregierung zugeben musste, dass nicht alle Ängste von der Opposition frei erfunden waren. Am 26. April 1986 havarierte in Tschernobyl das Atomkraftwerk (siehe auch Seite 27 ff.), und gut zwei Wochen nach dem Super-GAU gab Helmut Kohl eine ungewohnt nachdenkliche Regierungserklärung ab, in der er die »Ängste und Sorgen« der Bevölkerung ausdrücklich anerkannte: »Wenn sich der Mensch von Unwägbarem bedroht fühlt, wird er im innersten Kern seiner Existenz getroffen. Wir sind mit dem technischen Fortschritt in Bereiche vorgestoßen, die die Vorstellungskraft der meisten Menschen überschreiten.« Kohl sprach aus, was der Soziologe Ulrich Beck in seinem (fast zeitgleich mit der Nuklearkatastrophe erschienenen) Buch »Risikogesellschaft» (Suhrkamp, 1986) als Wesen der neuen Angst ausgemacht hatte: eine länderübergreifende Allbetroffenheit, die es unmöglich machte, sich hinter schützende nationale Mauern zurückzuziehen.

Leider hielt Kohls Nachdenklichkeit nur wenige Sätze vor, danach begann die übliche Austreibung von Angst. »Absolute Sicherheit gibt es für keinen Bereich des menschlichen Lebens«, predigte er, »alle gangbaren Wege der Energieversorgung sind mit Risiken verbunden, die die Gesundheit beeinträchtigen können.« Ein »Schadensereignis ist nach dem Stand von Wissenschaft und Technik praktisch ausgeschlossen«. Viel Abwehr, viel Beschwichtigung und Exorzismus aus dem Phrasenbestand der BRD kehrt heute in der Debatte um die Klimakrise wieder, vorneweg Kohls Ermahnung, das »Schüren von Katastrophenstimmung« sei tunlichst zu unterlassen. Oder der Verdacht, hinter hochstehenden ökologischen Forderungen verberge sich niederer politischer Instinkt.

Nachdem die Berliner Mauer gefallen war, redete im Bundestag niemand mehr über Angst, die Kurve fällt steil ab. Nach den Naturkatastrophen im Jahr 2005, nach den Tsunamis in Asien und dem Hurrikan »Katrina«, steigt sie wieder an, ebenso nach dem Reaktorunglück in Fukushima. Im Ausland und in konservativen Milieus hält sich die Rede von der *German Angst*, als hätten die Deutschen einen nationalneurotischen Defekt im kollektiven Seelenhaushalt. Es stimmt, Angst lässt sich leicht ausbeuten. Doch immer wieder malt sie fantastische Schrecken an die Wand, um zu verhindern, dass sie wahr werden. **THOMAS ASSHEUER** ■

WEGE AUS DER NUKLEAREN HÖLLE

Atomenergie oder Kernenergie? Zwei Begriffe für ein und dasselbe. Atom – das klingt auch im Bundestag nach Waffen, nach Gefahr. Kernenergie nach Aufbruch und sicherer Energieversorgung.

Der 11. März 2011 änderte alles. Als Folge eines Erdbebens schmolzen in drei von sechs Reaktorblöcken des japanischen Kraftwerks Fukushima Daiichi die Reaktoren. Luft, Boden, Wasser – die gesamte Umgebung wurde verseucht, mehr als 100 000 Menschen mussten aus der Region fliehen. Zum zweiten Mal in der Geschichte der nuklearen Energienutzung (nach Tschernobyl 1986) wurde eine solche Kernschmelze in der höchsten der sieben Kategorien der internationalen Skala für Atomunfälle eingestuft: katastrophaler Unfall.

Für die Bundespolitik bedeutete Fukushima das Ende einer Ära. Oder, wie es der CDU-Politiker Peter Altmaier am 15. April 2011 im Parlament sagte: Es liege auch eine Chance »in der schrecklichen Tragödie von Fukushima«, die Chance nämlich, »einen der letzten großen gesellschaftlichen Konflikte der letzten Jahrzehnte« zu beenden. Es war der Konflikt um die Frage, wie Deutschland mit der gefährlichen Kraft der Atome

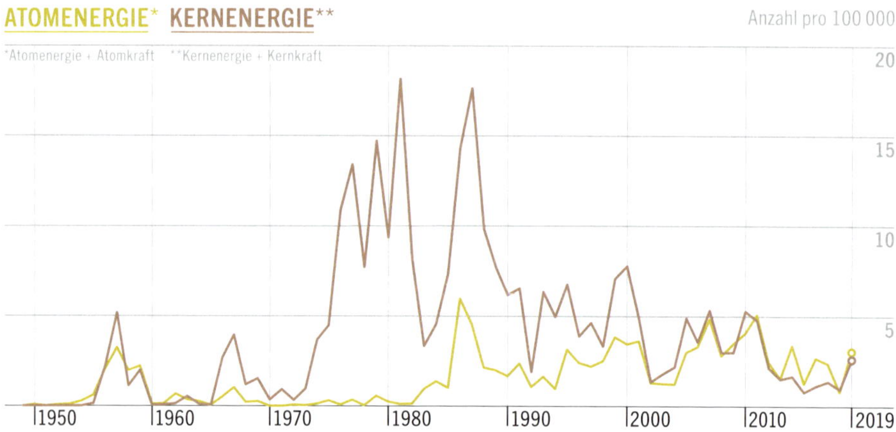

umgehen will, ein Kampf, der auch mit Worten geführt wurde.

Atomkraft und Atomenergie, Kernkraft und Kernenergie – zwei Begriffe, zwei Inhalte, zwei Kurven. Auch wenn sich die Begriffe in den Debatten des Plenums zuweilen vermischen, steht doch das Atom mehrheitlich für das Militärische, die Waffe, die abzuwendende Gefahr. Kernkraft hingegen soll die Marke für die saubere, friedliche, kontrollierte Ressource sein, um die Energieprobleme der Menschheit zu lösen – ohne Abgase und Umweltschaden.

Bereits Mitte der 1950er-Jahre ließ sich beobachten, wie fasziniert Deutschland von der neuen Energieform war. Die Bombardierung von Hiroshima und Nagasaki lag damals gerade einmal zehn Jahre zurück. Die Welt hatte die furchtbare Wucht der Atomwaffe erlebt, die Zehntausenden Opfer zwischen den Ruinen gesehen. Es war heikel, öffentlich von Atomkraft zu reden. Doch die Regierung versuchte, die Stimmung zu drehen: »Die Erforschung und Entwicklung der Atomkraft für friedliche Zwecke« werde umso schneller gelingen, »je mehr europäische Völker für diesen gemeinsamen Zweck ihre wissenschaftlichen Kenntnisse und ihre finanziellen Mittel zusammenlegen«, warb Bundesminister Franz Josef Strauß 1956 im Plenarsaal des Bundestags. Gemeinsam lasse sich verhindern, dass die Technologie außer Kontrolle gerate.

DEUTSCHLANDS ERSTER ATOMKERNENERGIEMINISTER

Deutschland erklärte öffentlich, die Atomkraft nie militärisch nutzen zu wollen. Die Atomenergie aber wollte man unbedingt. Abgeordnete warnten: Ihre militärische Anwendung eröffne der Menschheit »den direkten Weg in die Hölle«. Doch sie appellierten auch immer wieder, die »Atomenergie in den Dienst der Menschheit zu stellen«. Sie gehöre auch »in den Rahmen der klassischen, der allgemeinen Energiewirtschaft«, sagte der »für Atomfragen« zuständige Bundesminister Strauß. Der CSU-Politiker Siegfried Balke wurde 1957 zu Deutschlands erstem Atomkernenergieminister ernannt.

In dieser Nachkriegseuphorie wurden die Ausdrücke »Atomenergie« und »Kernenergie« noch synonym und gleich häufig verwendet. Erst Ende der 1970er-Jahre polarisierte sich die Debatte. Mit Biblis A war erstmals ein Kraftwerk mit mehr als einem Gigawatt Leistung ans Netz gegangen. Die radioaktiven Abfälle und deren Lagerung außerhalb Deutschlands bestimmten nun die Bundestagsreden: Hier war – mit negativer Konnotation – von Atommüll die Rede. Ging es um die Stromerzeugung, sprach man hingegen vor allem von der Kernenergie. Das Atom war aus den entsprechenden Reden fast verschwunden. Nicht zuletzt zeigte sich die sprachliche Sensibilität auch am Namen der entsprechenden Lobbyvereinigung. 1959 wurde das »Deutsche Atomforum« gegründet, das die Interessen der Branchenwirtschaft vertrat. Dieser Name verschwand später nach und nach. Heute heißt der Verein »Kerntechnik Deutschland«.

Schon Ende der 1970er-Jahre stand das Land vor einer Richtungsentscheidung: Die Branche nicht auszubauen hieße, mehr Kohlekraftwerke zu betreiben, um den Energiehunger zu decken. Politikern der mit der FDP regierenden SPD hätte das gefallen – sie sahen die atomare Energie als Konkurrenz zur heimischen Steinkohlewirtschaft. Doch die Regierung will auch die Abhängigkeit von importiertem Öl mindern. Der Schock der Ölkrise von 1973 lag erst wenige Jahre zurück.

»SELBSTZERSTÖRUNG DES LANDES«

Zugleich wuchs die Angst vor Unglücken. Am 28. März 1979 fiel im Kraftwerk in Harrisburg im US-Bundesstaat Pennsylvania die Notkühlung aus, weil eine Ventilsteuerung versagte. Der Reaktorkern schmolz, Millionen Liter Kühlwasser wurden verseucht. Nur einen Tag später setzte der Bundestag die Enquete-Kommission »Zukünftige Kernenergie-Politik« ein. Sie sollte aufzeigen, wie Deutschland seinen Energiebedarf umweltverträglich und sicher decken und zugleich Energie sparen könne. Bauwerke wie der Schnelle Brüter in Kalkar – in den Nachkriegsjahren Zeichen der Wachstumseuphorie – wurden allerdings auch im Bundestag zunehmend als Sicherheitsrisiko empfunden. Im Oktober 1979 demonstrierten im Bonner Hofgarten 150 000 Menschen gegen Atomrüstung, die NATO und für die Stilllegung aller Kernkraftanlagen. Die Bewegung nutzte auch den zivilen Kernkraftbegriff; auf den Transparenten forderten Teilnehmer »Kein KKW«.

Mitte der 1980er-Jahre trafen die Begriffe Kern- und Atomkraft im Bundestag erneut aufeinander: US-Präsident Ronald Reagan hatte das Rüstungsprogramm SDI gestartet, einen weltraumgestützten Raketenabwehrschirm. Unbeeinflusst davon, dass die UN 1986 zum Jahr des Friedens erklärt hatten, herrschte Kalter Krieg: Die beiden Staatenblöcke in Ost und West schreckten sich gegenseitig ab – mit auch in Deutschland stationierten atomaren Massenvernichtungswaffen.

Dann kam der 26. April 1986. In Tschernobyl explodierte kurz nach Mitternacht Block vier des Kernkraftwerks;

tagelang brannten Tonnen von Grafit. Der radioaktive Niederschlag des katastrophalen Nuklearunfalls verbreitete sich weltweit, in Westeuropa vernichteten Gärtner und Bauern ihre Ernten, aus Angst vor Verstrahlung.

Im Bundestag herrschte Sorge. Die Grünen witterten ihre Chance: »Mit Tschernobyl ist die Katastrophe da«, sagte der Abgeordnete Stefan Schulte knapp drei Wochen nach dem Unfall. »Eine friedliche Nutzung der Atomenergie gibt es nicht und kann es nicht geben.«

Die Bundesregierung demonstrierte hingegen Gelassenheit. Die Nutzung der Kernenergie sei weiterhin verantwortbar und ihre »Risiken beherrschbar«, befanden die Regierungsfraktionen von CDU, CSU und FDP. Bundeskanzler Helmut Kohl und sein Kabinett wurden lediglich aufgefordert, das Plenum über Strahlenbelastung und zu treffende Schutzmaßnahmen zu unterrichten. In Deutschland speisten bereits damals mehr als 20 Kernkraftwerke elektrischen Strom ins Netz, sieben weitere sollten – so die Planung – noch in Betrieb gehen.

Der Reiz der Technologie war damals noch zu groß; Deutschland hielt an der Kernspaltung fest. Erst nach der Atomkatastrophe von Fukushima 2011 änderte sich das. **TILMAN STEFFEN**

ES IST EINE KATASTROPHE!

Klimakatastrophe, Klimawandel, Klimakrise: Seit den 80er-Jahren debattiert der Bundestag über das Klima. Die Dramatik zeigt sich in der Wortwahl.

Klimakrise statt Klimawandel. Erderhitzung statt Erderwärmung. Und wer infrage stellt, dass es auf der Welt wärmer, pardon, heißer wird, ist nicht Klimawandelskeptiker, sondern Klimawandelleugner. Im Mai 2019 beschloss die Redaktion der britischen Zeitung *The Guardian*, anders über das Klima zu berichten: Alle Journalistinnen und Redakteure sollen künftig in ihren Texten die neuen Formulierungen verwenden, so stand es in den überarbeiteten Redaktionsrichtlinien. Und auch in Deutschland wird heute zunehmend über die »Klimakrise« statt über den »Klimawandel« gesprochen.

Aber wer glaubt, dass die Klimadebatte erst mit Greta Thunberg und der Schülerbewegung *Fridays for Future* in den Bundestag Einzug hielt, liegt falsch. Ein Blick in die Protokolle zeigt, dass der Treibhauseffekt und seine Auswirkungen auf das Klima und den Planeten seit mehr als 30 Jahren regelmäßig auf der Tagesordnung stehen. In der Rhetorik jedoch zeigt sich ein bemerkenswerter, nun ja, Wandel.

EINIGKEIT BEI DER KLIMAKATASTROPHE

Es fing an mit der Klimakatastrophe. Sie wurde im Bundestag zum ersten Mal 1986 zum Thema. Die Deutsche Physikalische Gesellschaft hatte kurz zuvor ein Gutachten mit dem vielsagenden Namen »Warnung vor einer drohenden Klimakatastrophe« herausgegeben. Der SPD-Politiker und ehemalige Mathe- und Physiklehrer Lothar Fischer zitierte daraus im Bundestag: »Eine CO_2-Klimakatastrophe ist — abgesehen vom nuklearen Holocaust — vermutlich die schlimmste Katastrophe.« Und fügte hinzu: »Die Deutsche Physikalische Gesellschaft ist ja wohl nicht für Sensationslust bekannt.«

Nicht nur über den Begriff, auch über die wissenschaftlichen Grundlagen der Klimakatastrophe waren sich die Parlamentarier Ende der 80er-Jahre bemerkenswert einig. »Keine Frage, daß die bedenkliche Erhöhung der CO_2-Konzentration auf die Verbrennung fossiler Brennstoffe zurückgeht. Der Raubbau an den tropischen Regenwäldern verschärft das Problem. Keine Frage auch, daß die vom Menschen erzeugte CO_2-Produktion verringert werden muß, wenn das Klimagleichgewicht erhalten bleiben soll«, sagte 1987 die SPD-Politikerin Liesel Hartenstein. Sie war damals stellvertretende Leiterin einer parteiübergreifenden Enquete-Kommission zum Schutz der Erdatmosphäre. Diskutiert wurde im Bundestag weniger das Ob, sondern vielmehr das Wie. »Angesichts der sich dramatisch zuspitzenden Gefahren einer Weltklimakatastrophe - diesbezüglich habe ich von der SPD in der Kohledebatte überhaupt nichts gehört - ist die von SPD und Grünen geschürte Antikernkrafthysterie nicht nur provinziell, sondern auch in höchstem Maße unverantwortlich«, ließ 1989 der CSU-Politiker Matthias Engelsberger verlauten. SPD und Grüne forderten, statt einer verstärkten Nutzung der Atomkraft den Energieverbrauch zu vermindern und

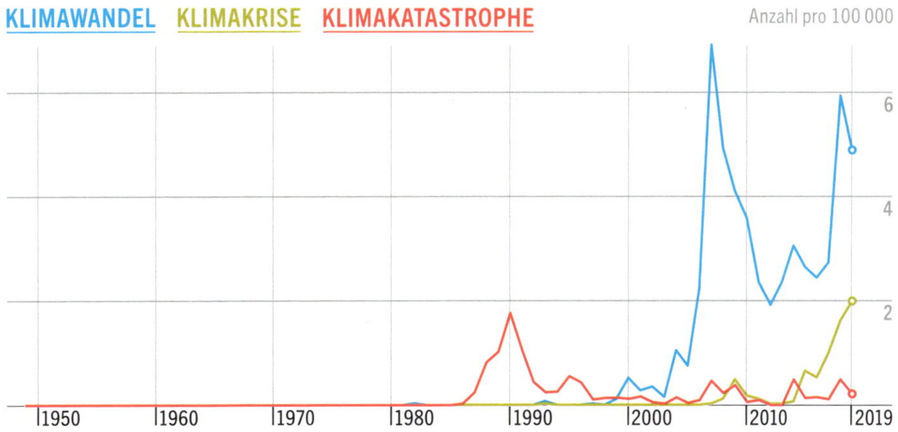

regenerative Energien zu nutzen. So wurde die Klimadebatte im Bundestag zeitweise zur Atomkraft-Diskussion.

DER KLIMAWANDEL IN DER ALLGEMEINEN KRISENSTIMMUNG

Trotz der deutlichen Worte, die die Politiker und Politikerinnen fanden, war das Interesse am Thema begrenzt. Einige Jahre wurde es still um das Klima. Erst im November 1999, als in Bonn die fünfte Weltklimakonferenz zu Ende ging, stand es wieder auf der Tagesordnung. Doch diesmal ging es um den Klimawandel. Die Wortwahl hatte sich geändert, vielleicht auch, weil auf internationaler Bühne weitgehend über den *climate change* debattiert wurde.

Einen vorläufigen Höhepunkt erreichte die Debatte 2007. In diesem Jahr veröffentlichte der Weltklimarat IPCC seinen vierten Sachstandsbericht und kam darin zu dem Schluss, dass menschliche Aktivitäten bereits zu diesem Zeitpunkt einen messbaren Effekt auf das Klima hätten: Die Temperaturen waren weltweit angestiegen, das Eis der Arktis schmolz und es kam immer häufiger zu Dürren. Der CDU-Politiker Andreas Jung bemerkte: »Spätestens jetzt müsste aber der Letzte kapiert haben: Wir reden nicht nur darüber, ob der Klimawandel irgendwann kommt, sondern der Klimawandel ist schon da und beschleunigt sich.«

Doch 2007 beschäftigte ein anderes Ereignis die deutsche Politik mehr als alles andere: die Finanzkrise. Sie begann im August 2007; im September 2008 meldete die amerikanische Bank Lehman Brothers Insolvenz an. »Wir befinden uns heute in einer historisch zugespitzten Krisenlage: Klimakrise, Finanzmarktkrise, anwachsende Hungerkrise und globale Wirtschaftskrise stehen in einer starken Wechselwirkung«, meinte der Grünen-Politiker Frithjof Schmidt im November 2009. In der allgemeinen Krisenstimmung wurde der Klimawandel zum ersten Mal zur Klimakrise.

ZUNEHMENDE POLARISIERUNG

Ende der 2010er-Jahre mehrten sich die Katastrophenberichte: Gletscher gingen zurück, in Kalifornien und in Australien wüteten Waldbrände, immer mehr Tierarten starben aus. Auf den Straßen forderte die Schülerbewegung *Fridays for Future* effiziente Maßnahmen für den Klimaschutz. Und auch im Bundestag wurde wieder mehr über den Klimawandel diskutiert. Ausgerechnet in dieser Zeit tauchten aber auch Stimmen auf, die den Klimawandel erneut infrage stellten. Mit der AfD zog 2017 eine Partei in den Bundestag ein, die den Klimawandel leugnet. Die anderen Parteien waren sich einig darüber, dass das Klima sich verändert. Doch manche signalisierten durch ihre Wortwahl eine größere Dringlichkeit und Dramatik. Während SPD und CDU weiterhin vornehmlich über den Klimawandel redeten, sprachen viele Grünen-Politiker nun von der Klimakrise. Wie ernst jemand ein Thema nimmt, so könnte man meinen, das zeigt sich auch in seiner Sprache. **ELENA ERDMANN** ■

ALS KOHLE UND STAHL NOCH ZUKUNFT WAREN

Sie haben das deutsche Wirtschaftswunder mit ermöglicht, doch seit dem Ende der 1980-Jahre spielen die einst so wichtigen Montanindustrien keine Rolle mehr, Zechen sind geschlossen und der Stahl kommt aus China.

Ende 2019 liefen die Fußballprofis von Borussia Dortmund in einem Bundesligaspiel ganz in Schwarz auf; auf ihren Trikots stand »Kohle und Stahl«. Anlass war das 110. Vereinsjubiläum. »Mit dem Sondertrikot wollen wir ein Denkmal für die Menschen setzen, die im Kohle- und Stahlsektor gearbeitet haben«, sagte Geschäftsführer Hans-Joachim Watzke. Der Verein kommt aus dem Ruhrgebiet, die Trikots waren eine Hommage an die lange Industriegeschichte der Region. Kohle war viele Jahrzehnte lang der Energieträger des Landes und das Rückgrat der deutschen Wirtschaft. Und sie trieb den Boom der Stahlindustrie an. Kohle und Stahl waren Begriffe, die Menschen in Deutschland lange Zeit mit Stolz erfüllten.

Der Bundestagsabgeordnete und spätere Bundesinnenminister Robert Lehr (CDU) beschrieb im September 1949 im Plenum die Vorzüge der Wirtschaftsregion und beklagte gleichzeitig die fortlaufende Demontage von Industrieanlagen durch die Alliierten nach dem Kriegsende: »Das gilt ganz besonders in unserer rheinisch-westfälischen Industrie, in unserem sogenannten Kohlenpott. Die dort entstandene Verbundwirtschaft ist kein Spiel des Zufalls, sondern ist in Generationen fleißiger Hände und kluger Köpfe geschaffen worden als (...) ein industrielles Herzstück Europas. Dank dem einzigartigen Kohlenvorkommen (...), dank der günstigen Verkehrslage an natürlichen und künstlichen Wasserläufen, einem reichen Eisenbahn- und Landstraßennetz ist dieses Revier etwas Einzigartiges.«

Der Wiederaufbau der Industrie nach dem Ende des Zweiten Weltkriegs stockte anfangs. Es brauchte Partnerschaft und sicheren Frieden mit den Nachbarländern. Die Alliierten überlegten gar, das Ruhrgebiet als ehemalige Waffenschmiede des Deutschen Reichs von Deutschland abzutrennen. Hoffnung brachte ein Plan des französischen Außenministers Robert Schuman. Er schlug die Gründung einer Europäischen Gemeinschaft für Kohle und Stahl vor.

MONTANUNION ALS FRIEDENSSTIFTER

Die Auswertung der Bundestagsprotokolle zeigt: Der erste Höhepunkt der Debatten um Kohle und Stahl fiel genau in diese Zeit. Die sogenannte Montanunion sollte die Schwerindustrie der Kohle- und Stahlerzeugung unter eine gemeinsame, supranationale Verwaltung stellen. Kein Land sollte mehr in der Lage sein, damit Kriegswaffen herzustellen. Doch die Unternehmer wehrten sich; sie sahen das Projekt als eine Art Verstaatlichung. Auch im Bundestag gab es die Sorge, diese Behörde könne zu stark werden und an den Parlamenten vorbei agieren. Und die SPD lehnte als Oppositionspartei den Plan ab, da sie der Meinung war, die Bundesrepublik werde dadurch auf eine Westintegration festgelegt.

Bundeskanzler Konrad Adenauer warb im Sommer 1951 im Parlament: »Ich bin der festen Überzeugung, dass, wenn dieser Anfang einmal gemacht worden ist, wenn hier sechs europäische Länder, wie ich nochmals betone: freiwillig und ohne Zwang einen Teil ihrer Souveränität auf ein übergeordnetes Organ übertragen, man dann auch auf anderen Gebieten diesem Vorgang folgen wird und dass damit wirklich der Nationalismus, der Krebsschaden Europas, einen tödlichen Stoß bekommen wird.«

Kohle und Stahl als Friedensstifter im kriegsgeplagten Europa? Am Ende überzeugte die höhere politische Idee. Neben Frankreich und Deutschland unterzeichneten schließlich Italien, Belgien, Luxemburg und die Niederlande das Abkommen. Aus heutiger Sicht sind die Vereinbarungen zur Montanunion zu einer Art Friedensvertrag zwischen Deutschland und den westeuropäischen Ländern geworden. Und sie gelten als Vorläufer der Europäischen Gemeinschaft. Die Montanunion wurde ein Beitrag zur Sicherheit im Europa der Nachkriegszeit.

Aber nicht nur im Ruhrgebiet, auch an der Saar und an der französisch-belgischen Grenze wurde in den 1950er-Jahren viel Steinkohle gefördert und Stahl produziert. Die Kohle- und die Stahlindustrie galten als Schlüsselbranchen.

KAMPF UM DEN KOHLEPFENNIG

Das zeigen auch die Debattenzyklen im Bundestag. Immer wieder geriet die Montanindustrie im Laufe der Jahre in Krisen, und weil sich so viele Hoffnungen und Erwartungen an sie knüpften, wurde darüber jedes Mal auch im Parlament debattiert.

So konnten Ende der 1950er-Jahre die Bergwerke vor allem im Ruhrgebiet die Kohle auf ihren übervollen Halden nicht mehr verkaufen. Ursache dafür waren auch die staatlichen Subventionen. Sie hatten das westdeutsche Wirtschaftswunder zuverlässig befeuern sollen und zu einer Expansion des Steinkohlenbergbaus geführt. Nun wurden sie zum Problem. Es gab zu viel Kohle, gleichzeitig wechselten die bisherigen Abnehmer auf Rohstoffe wie Erdöl und Erdgas.

Die Folge waren Schließungen; das Sterben der Zechen leitete den schleichenden Niedergang der Montanindustrie ein. Der Bundestag debattierte nun soziale Fragen für arbeitslose Zechenkumpel und immer wieder auch Subventionen der unwirtschaftlich gewordenen Kohleförderung. Ab den 1960er-Jahren kam auch noch die Atomkraft dazu. In der Stromerzeugung wurde von da an immer mehr auf diese neue Energieform gesetzt.

Die große Krise der deutschen Stahlindustrie begann etwas zeitversetzt Mitte der 1970er-Jahre. Überproduktionen, höhere Energiepreise und internationale Konkurrenz auch aus Fernost sorgten für einen ruinösen Wettbewerb und für weitere Standortschließungen.

Den Debattenhöhepunkt im Parlament erreichte das Thema im Jahr 1987, wie die Analyse der Bundestagsprotokolle zeigt. Rund 100 000 Bergleute streikten und protestierten damals gegen die geplante Schließung des Stahlwerks in Duisburg-Rheinhausen. Im Bundestag forderte insbesondere die Opposition Solidarität mit den Arbeitern.

Aus heutiger Sicht kurios: Ausgerechnet der Grünen-Abgeordnete Eckhard Stratmann sprach sich unter dem Eindruck der sich zuspitzenden Krise in der Debatte für eine Erhöhung des Kohlepfennigs aus. So sollte erreicht werden, dass die heimische Steinkohle weiter für die Stromgewinnung genutzt wird und nicht die Atomkraft: »Der von der Bundesregierung heute vorgelegte Entwurf zur Reduzierung des Kohlepfennigs leistet der Verdrängung der heimischen Steinkohle durch die Atomenergie Vorschub.«

DER AUSSTIEG WIRD NICHT LEICHT

Doch die Abgeordneten konnten es nicht ändern, dass die heimische Kohle unwirtschaftlich geworden war; weitere Standorte der Montanindustrie mussten geschlossen werden. Seitdem ist die Zahl der Beschäftigten im Stahlsektor um rund 70 Prozent gesunken. Inzwischen stammt rund die Hälfte des weltweit produzierten Rohstahls aus China, aus der EU nur noch ein Zehntel.

Mittlerweile wird in Deutschland auch keine Kohle mehr im Untertagebau gefördert. Bis 2038 soll mit diesem Energieträger dann endgültig Schluss sein. Bis dahin sollen verbliebene Tagebauförderung abgewickelt und Kohlekraftwerke möglichst durch regenerative Energien ersetzt werden. So wichtig wie einst ist dieser Indus-

triesektor schon lange nicht mehr und damit werden auch die Dimensionen der früheren Debatten heute längst nicht mehr erreicht. Doch wird der Kohleausstieg nicht einfach – und er verursacht bei manchem Abgeordneten noch immer Emotionen.

Der Duisburger SPD-Abgeordnete Mahmut Özdemir sagte in einer Debatte im Juni 2019: »Der Klimaschutz ist bereits überall: in unserem gesellschaftlichen, in unserem politischen Handeln, in der Verfassung sowieso und in der Lebenswirklichkeit der Menschen erst recht. Im Ruhrgebiet bezeugen dies unsere stillgelegten Zechentürme – Denkmäler unseres Wohlstands. Der letzte Brocken deutscher Steinkohle in Bottrop war ein Moment, der alle Anwesenden um Fassung ringen ließ. Dennoch: Wir stehen zum Kohleausstieg.« **SASCHA VENOHR** ■

REINE LUFT

Wer sich die Achseln desodorierte, vergrößerte das Ozonloch: Schwefeldioxid, FCKW oder Kohlendioxid – im Laufe der Jahrzehnte bestimmten verschiedene Luftschadstoffe die Umweltdebatten im Parlament.

Bis 1983 war die Luft noch rein. Zumindest verlor im Bundestag zuvor kein Mensch ein Wort über all das, was die Erdatmosphäre schon längst bedrohte und die Menschen krank machte. Doch Anfang der 1980er-Jahre zeigte sich die Kehrseite des Wirtschaftswunders so stark, dass die Abfallprodukte des Wohlstands auch in die politischen Debatten eindrangen: das giftige Ozon, die Fluorkohlenwasserstoffe (FCKW) aus der Spraydose, das Kohlendioxid aus den Automotoren, der Stickstoff und das Schwefeldioxid aus den Fabrikschloten.

Die Folgen waren zu dieser Zeit für jeden sichtbar, denn saurer Regen schädigte den deutschen Wald. Das Schwefel- und Stickstoffdioxid aus immer mehr Schornsteinen verband sich mit dem Wasser der Atmosphäre und regnete als toxischer Mix herab. Millionen Kiefern und Fichten verloren ihre Nadeln, auf Hunderten von Hektar starben die Bäume. Das Regime in Ostberlin ignorierte, dass ganze Bergkuppen verkahlten. Im Bonner Bundestag aber wurde Forstwirtschaftsminister Ignaz Kiechle von der CSU 1983 grundsätzlich: »Es steht viel mehr auf dem Spiel als nur eine Summe von Bäumen«, sagte er am Rednerpult des Plenarsaals. Kiechle sah nationale Grundlagen bedroht: Es gehe »um das Naturgut Wald, um einen Teil unserer Lebensgrundlagen und um den Wirtschaftsfaktor Forst- und Holzwirtschaft«.

SORGEN UM DIE OZONSCHICHT

In welchen Zyklen das Thema Luft im Bundestag behandelt wurde, zeigt sich in vier Kurven. Die erste wird durch die Begriffe »Stickoxid« und »Schwefeldioxid« gezeichnet. Sie waren die ersten Luftschadstoffe, die die Debatten im Parlament dominierten. Später kamen auch FCKW und Ozon hinzu.

Vor allem in den 1980er-Jahren gibt es viele auffällige Peaks bei diesen Ausdrücken, spitz wie Häkelnadeln. Die Parlamentarier machten sich Sorgen. So wie der CDU-Abgeordnete Bernd Schmidbauer: Die Welt sei an einem »äußerst kritischen Punkt« angekommen, warnte er 1988: »20 Millionen Tonnen Fluorkohlenwasserstoffe verrichten ihr zerstörerisches Werk in der Stratosphäre.« Schmidbauer leitete damals die Enquete-Kommission »Vorsorge zum Schutz der Atmosphäre«, eine Art Planungsstab für den Kampf gegen FCKW aus Spraydosen, Kühlanlagen und der Schaumgummi-Produktion.

Die Sorge galt der Ozonschicht, jenem atmosphärischen Schutzschild aus dreiteiligen Sauerstoffmolekülen: Über der Antarktis hatten die FCKWs ein Loch hineingebrannt, durch das die Sonne das Eis schmolz. Wer sich damals mittels Spraydose die Achseln desodorierte oder Wände mit Graffitis verzierte, vergrößerte das Ozonloch und verstärkte den Treibhauseffekt. Eile war geboten.

Der Christdemokrat Helmut Kohl war zu dieser Zeit Bundeskanzler, sein Parteikollege Klaus Töpfer Umweltminister. Die Mauer stand noch. Die Atomkatastrophe von Tschernobyl war gerade zwei Jahre her. Zu bereden gab es also genug. Die Kurven der Begriffe in den Bundestagsprotokollen belegen: Auch wenn er noch nicht so genannt wurde, war der Klimaschutz damals ein ähnlich wichtiges Thema wie heute.

Die Grünen beantragten 1988, die Bundesregierung möge darauf hinwirken, dass der FCKW-Ausstoß weltweit bis 1999 um 90 Prozent sinke. Immerhin war diese Forderung bereits im Montrealer Protokoll von 1987 festgeschrieben, einem internationalen Abkommen ge-

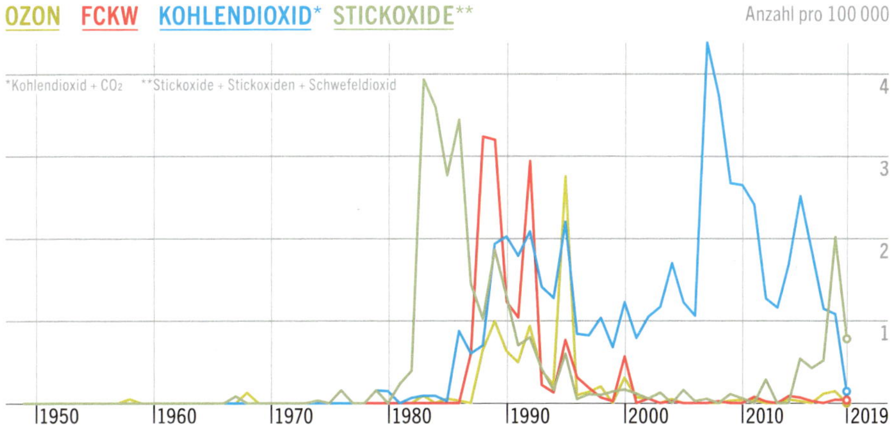

gen Fluorchlorkohlenwasserstoffe, das als gutes Beispiel dafür dienen kann, dass internationale Verträge den Kampf gegen Umweltverschmutzung voranbringen.

In den 1990er-Jahren wurde dann auch Ozon als Problem erkannt. Kämpferisch verliehen die oppositionellen Grünen im Bundestag ihren Forderungen Ausdruck: Zu Beginn einer Aktuellen Stunde zum »Krebsrisiko durch bodennahes Ozon« trat 1995 einer ihrer Abgeordneten an das Bundestagspräsidium heran und forderte, die Bundesumweltministerin möge im Plenarsaal erscheinen. Der Abgeordnete hieß Joschka Fischer, die herbeigerufene Ministerin Angela Merkel.

Per Gesetz ging das Parlament noch im selben Jahr gegen die erhöhte Konzentration des Gases in den Städten vor, hervorgerufen durch die Abgase der Autos bei sommerlichem Wetter.

KLIMAKILLER KOHLENDIOXID

Seit Mitte der 1990er-Jahre dominierte dann das Hauptprodukt aller Verbrennungsvorgänge die Debatten: Kohlendioxid. Die Grünen forderten ein Investitionsprogramm für den Schutz der Erdatmosphäre vor dem Klimakiller. Schon damals sagten sie das Ende des herkömmlichen Automobils voraus.

Im Jahr 2007 bestimmte der Schadstoff dann die Plenardebatten wie kein anderer je zuvor: Diskutiert wurde beispielsweise ein Tempolimit auf Autobahnen (siehe auch Seite 98 ff.) und die Verpressung von Kohlendioxid im Erdreich. Ja es ging sogar um die Frage, ob sich die 17 000 Tonnen Kohlendioxid vermeiden ließen, die die Regierungsflieger bei ihrem Pendeln zwischen Bonn und Berlin jedes Jahr ausstoßen. Über keinen Luftschadstoff ist seitdem häufiger gesprochen worden. TILMAN STEFFEN ■

DER SCHOCK VON PISA

Zu lange wurden die Schulen im Bundestag vernachlässigt. Erst die PISA-Studie setzte Bildung wieder auf die Tagesordnung.

»Eine deutsche Bildungskatastrophe«, »ein lehrreiches Desaster«, »der Schock von PISA«: Als die OECD am 4.12.2001 die Ergebnisse der ersten PISA-Studie präsentiert, reagierten die Politiker und Politikerinnen im Bundestag geschockt. PISA, das Programme for International Student Assessment, war ins Leben gerufen worden, um den Leistungsstand von Schülerinnen und Schülern weltweit vergleichbar zu machen. Im Jahr 2000 nahmen erstmals über 200 000 Schüler aus 31 Ländern an den Tests teil. Dass die deutschen Schüler dabei international deutlich unter dem Durchschnitt liegen würden, damit hatte man im Bundestag nicht gerechnet.

PISA zeigte, dass die Schulen von

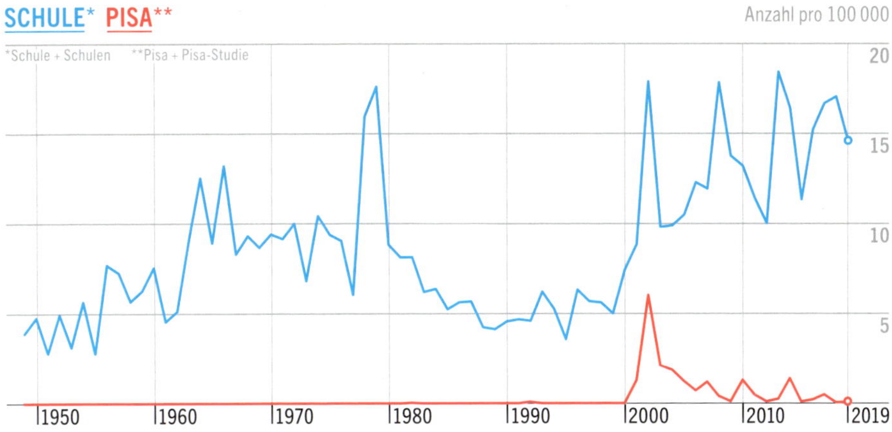

der deutschen Politik zu lange vernachlässigt worden waren. Wenn man in den Protokollen der Bundestagssitzungen nach Erwähnungen von »Schule« oder »Schulen« sucht, klafft tatsächlich in den Jahren vor der ersten PISA-Studie ein Loch. Die letzten großen Bildungsreformen waren in den 60er- und 70er-Jahren verabschiedet worden, zum Beispiel die Einführung der Gesamtschulen und der gemeinsame Unterricht von Mädchen und Jungen. Doch ab dem Jahr 1979 sprach der Bundestag nur noch äußerst selten über Schulen. Bis die Ergebnisse der PISA-Studie, die im Jahr 2001 veröffentlicht wurden, das änderten.

GERADE MAL IM UNTEREN MITTELFELD

Das ernüchternde Ergebnis der Studie: In den Bereichen Lesekompetenz, Mathematik und Naturwissenschaften landeten die deutschen Schüler im weltweiten Vergleich gerade mal im unteren Mittelfeld. Fast jeder Vierte hatte Schwierigkeiten beim Lesen, und auch beim Rechnen sah es nicht viel besser aus. In einem Punkt aber führte Deutschland: ausgerechnet bei der Chancenungleichheit. In keinem anderen untersuchten Land bestimmte der soziale Hintergrund der Eltern so sehr die Lesekompetenz der Kinder. Auch Kinder aus Migrantenfamilien hatten es laut Studie schwerer. Dazu äußerte sich Cornelia Pieper von der FDP: »Bildung ist auch die soziale Frage des 21. Jahrhunderts.«

Grundsätzlich waren sich alle Parteien einig: Es musste sich etwas ändern; man wollte aus dem Schock lernen. »So peinlich die PISA-Studie ist, meine Damen und Herren, sie zeigt uns den Weg, wie auch unsere Jugend wieder für den internationalen Wettbewerb fit werden kann«, fasste es die Bundesministerin für Bildung und Forschung Edelgard Bulmahn von der SPD zusammen. Finnland und Kanada, die in allen Bereichen besonders gut abgeschnitten hatten, wurden von nun an zum Vorbild.

BILDUNG WIRD WIEDER ZUM THEMA

Und tatsächlich: In den darauffolgenden Jahren wurden Bildung und Schulen deutlich häufiger zum Thema in den Parlamentsdebatten. PISA hatte verdeutlicht, dass sich Bildungserfolg messen und vergleichen lässt. Auch für Deutschland wünschten sich Politikerinnen und Politiker übergreifende Standards und eine wissenschaftliche Evaluation der Schulen. Außerdem sollten, so wie beim finnischen Vorbild, schon kleine Kinder besser gefördert werden. Gerade bildungsbenachteiligte Kinder wollte man unterstützen, zum Beispiel indem man die vorschulische Sprachförderung stärkte, wovon vor allem Kinder aus Migrantenfamilien profitieren sollten.

Doch Bildung ist Ländersache, so ist es im Grundgesetz verankert. Und das machte eine einheitliche Gesetzgebung schwierig. Trotzdem traten in den darauffolgenden Jahren eine ganze Reihe von Reformen in Kraft. Außer Rheinland-Pfalz führten alle Bundesländer nach und nach das Zentralabitur ein. Mehr und mehr Schulen unterrichten ganztags. Das dreigliedrige Schulsystem aus Gymnasium, Real- und Hauptschule wurde in mehreren Bundesländern durch ein Modell mit nur zwei verschiedenen Schulformen ersetzt. Zudem wurde eine ganze Reihe von Bildungsstandards und Vergleichsarbeiten eingeführt.

Auch die PISA-Studie wird seit der ersten Durchführung im Jahr 2000 regelmäßig alle drei Jahre wiederholt. Zuletzt nahmen 2018 Schülerinnen und Schüler aus 78 Ländern an der Studie teil. Die neuen Spitzenreiter heißen China, Singapur, Macau und Hongkong. Die deutschen Schüler und Schülerinnen landeten auf Platz 19, was zumindest über dem Durchschnitt der OECD-Länder lag. Und selbst bei der Chancenungleichheit hatte sich Deutschland verbessert, obwohl sie im internationalen Durchschnitt unter deutschen Schülern weiterhin eher hoch lag. Manchmal braucht es dafür eben einen Schock.

ELENA ERDMANN ■

KRIMINALITÄT VERKAUFT SICH GUT

Die Kriminalität hierzulande sinkt seit Jahren, Deutschland wird immer sicherer. Deswegen wird im Bundestag aber noch lange nicht weniger darüber geredet.

Betrachtet man allein die Häufigkeit des Begriffs »Kriminalität« in den Reden des Deutschen Bundestags, dann ließe sich leicht der Eindruck gewinnen, dass diese immer stärker zunimmt und dass das Land immer krimineller wird. Die Kurve zeigt mehrere heftige Ausschläge nach oben, die das Bild etwas verzerren. Über die Jahrzehnte hinweg wird jedoch trotzdem sichtbar, dass die Häufigkeit der Nennung im Parlament seit den 1960er-Jahren immer weiter zunimmt.

Das ist seltsam. Eigentlich müsste das Bild genau andersherum sein. Denn die Kriminalität sinkt kontinuierlich, vor allem die Kriminalität, bei der Gewalt eine Rolle spielt. Seit Beginn der 1990er-Jahre wird die Zahl der angezeigten und ermittelten Straftaten immer geringer. Nicht nur in Deutschland. Auch in vielen anderen europäischen und asiatischen Ländern sowie in den USA lässt sich dieses Phänomen beobachten. Gleichzeitig ist die Anzeigebereitschaft gestiegen. Taten, über die früher hinweggesehen wurde, werden heute ganz selbstverständlich bei der Polizei angezeigt - was bedeutet, dass der Rückgang wohl noch stärker ist, da die Kriminalität dadurch früher noch höher gewesen sein muss, als die Statistik zeigt. Doch warum spiegelt sich das nicht in den Reden der Parlamentarier, die doch sonst in so vielen Punkten die Entwicklungen der deutschen Gesellschaft abbilden?

»SORGEN MÜSSEN WIR ERNST NEHMEN«

Einen Hinweis darauf lieferte beispielsweise der CDU-Abgeordnete Norbert Geis. Er sagte im Februar 1994 im Bundestag: »Viele Menschen sagen uns - das wissen auch Sie -: ›Ich wage mich nicht mehr in die Parkanlagen; ich gehe abends nicht mehr raus; ich verhalte mich anders, als ich mich verhalten würde, wenn für öffentliche Sicherheit und Ordnung gesorgt werden könnte.‹ Ich glaube, diese Sorgen müssen wir ernst nehmen, meine Damen und Herren.«

Es geht beim Thema Kriminalität selten vorrangig um Zahlen, sondern meist um ein Gefühl, um Angst. Norbert Geis konnte es noch nicht wissen, als er 1994 seine Rede hielt, denn die polizeiliche Kriminalstatistik wird immer erst mit einiger Verzögerung veröffentlicht: Zu diesem Zeitpunkt war der Höhepunkt der Kriminalität in Deutschland bereits überschritten. Er war 1993 erreicht worden, mit 8300 Anzeigen pro 100 000 Bürger. Seitdem sank die Kriminalitätsrate stetig - bis 2019 um sagenhafte 21 Prozent.

Entsprechend seltener war die Kriminalität in den folgenden Jahren Inhalt von Debatten im Bundestag, allerdings nie mehr so selten wie in den 70er- und 80er-Jahren, wo das Thema im Parlament keine Rolle zu spielen scheint. Seit 2010 steigt die Nennung des Wortes in den Reden erstaunlicherweise sogar wieder an – obwohl die Kriminalität es nicht tut.

Es geht, so scheint es, um gefühlte Bedrohungen, nicht um tatsächliche. Die Wissenschaft untersucht seit einiger Zeit, warum Menschen sich mehr vor Kriminalität fürchten, obwohl es weniger gibt. Sie sieht dabei zwei Gruppen in der Verantwortung: Politik und Medien – gemeinsam.

Weil Medien Aufmerksamkeit suchen, beeinflussen sie indirekt die Wahrnehmung über Kriminalität. Michael O'Connell von der School of Psychology am University College in Dublin untersuchte 1999 diesen *media bias*. Er beschrieb, dass Medien häufiger über schwere oder atypische Verbrechen berichten und ihnen mehr Platz einräumen als leichteren Verbrechen, obwohl sie in der Realität selten sind.

Dazu kommt ein zweiter Effekt: Für Politiker und Politikerinnen sei es reizvoll, die Kriminalitätsgefahr zu beschwören und harte Strafen zu fordern, schreiben Ronald Hitzler und Helge Peters in ihrem Buch »Inszenierung: Innere Sicherheit« (Springer, 1998): »Solche Beschwörungen und Forderungen können mit breiter Zustimmung rechnen. Es werden keine wahlergebnisrelevanten Interessen verletzt.« Wer die Erhöhung des Benzinpreises fordere, führen sie weiter aus, könne vielleicht Grüne auf seine Seite bringen, den schlichten Autofahrer aber verärgern. »Wer die Verfolgung von Verbrechern fordert, muss keine politisch relevante Gruppe fürchten. Er darf Beifall erwarten.«

VERSTÄRKERKREISLAUF

Medien und Politik zusammen wirken dabei als Teil des »politisch-publizistischen Verstärkerkreislaufs«, wie ihn der Kriminologe Sebastian Scheerer bereits 1978 nannte. Für Medien sind Forderungen nach Strafverschärfung berichtenswerte Nachrichten – Polizei und Politiker wiederum fassen die Berichterstattung als Beleg dafür auf, dass entsprechende Handlungen wichtig und gewünscht seien. Medien, Polizei und Politik instrumentalisieren sich also wechselseitig.

Interessanterweise scheint sich der Bundestag dabei vor allem mit einem Teilbereich der Gewalt zu befassen, der organisierten Kriminalität. Seit Mitte der 1990er-Jahre verlaufen die Kurven der beiden Begriffe »Kriminalität« und »organisierte Kriminalität« in den Bundestagsprotokollen synchron. Der CSU-Abgeordnete Stephan Mayer sagte etwa im Januar 2017, man dürfe nicht außer Acht lassen, dass es neben dem Terrorismus »auch andere Phänomene im Bereich der Sicherheitspolitik gibt, die unsere große Aufmerksamkeit erfordern. Ich meine in diesem Zusammenhang vor allem die organisierte Kriminalität. Die Zahl der Verfahren im Bereich der organisierten Kriminalität steigt jährlich.«

Die Äußerung ist erstaunlich. Denn auch die organisierte Kriminalität in Deutschland scheint eher abzunehmen. Das Bundeskriminalamt veröffentlicht jedes Jahr ein Lagebild dazu. Dem-

nach erreichte die OK, wie die Polizei sie nennt, ihren Höhepunkt hierzulande im Jahr 2000. Seitdem sank die Zahl der Ermittlungsverfahren und die Zahl der Tatverdächtigen lange Zeit und ist seit knapp zehn Jahren auf diesem niedrigeren Niveau nahezu stabil.

DIE AFD SCHÜRT ÄNGSTE

Entgegen diesem Trend nutzt vor allem die AfD das Thema für ihre eigenen Zwecke und schürt die Ängste noch. Bernd Baumann, Bundestagsabgeordneter der AfD, sagte im Juni 2019: »In Deutschland geht die Angst um.« Er meinte, das Land fürchte sich vor »arabischen Clans«, die jedoch nur einen kleinen Teilbereich des Teilbereichs organisierte Kriminalität ausmachen. Und weiter: »Wissen Sie, wie viele Mitglieder diese Clans mittlerweile haben? Wissen Sie das? 200 000! Meine Damen und Herren, das ist mehr, als die Bundeswehr Soldaten hat.«

Die Zahl war eine Schätzung des BKA, wie viele Mitglieder insgesamt solche Großfamilien haben. Keineswegs wolle man damit sagen, hieß es dazu seitens des BKA, dass in Deutschland 200 000 kriminelle Angehörige von Großfamilien lebten. Die meisten davon seien unbescholtene Bürger. Aber mit solch einer Aussage lässt sich nur schlecht der angebliche »Multikulti-Wahn« der »Linksgrünen« anprangern, wie Baumann es in seiner Rede tat. **KAI BIERMANN** ■

VERPASSTE CHANCEN

Über manche Themen, scheint es, wurde im Bundestag zu selten diskutiert. Dadurch wurden Chancen vertan, Problemen vorzubauen, die uns dann plötzlich auf die Füße fielen. Und den Staat enorme Summen kosteten.

BEZAHLBARER WOHNRAUM

Der Bau geförderter Wohnungen war immer Thema. Bis Anfang des Jahrtausends plötzlich alle lieber über die Eigenheimzulage sprachen. Zehn Jahre dauerte es, bis wegen der Mietkrise wieder über Wohnungsbau diskutiert wurde.

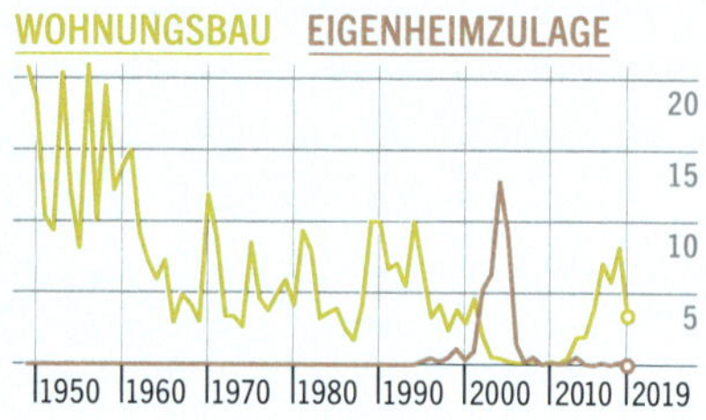

SCHNELLE DATEN

Im Bundestag gab es 1983 lange Debatten darüber, ob Glasfaserkabel in Großstädten verlegt werden sollten, um größere Datenmengen zu übertragen. Doch weder die Bundespost noch die Bundesregierung rangen sich zu dieser Innovation durch. Es dauerte mehr als 30 Jahre, bis ihre Wichtigkeit erkannt wurde.

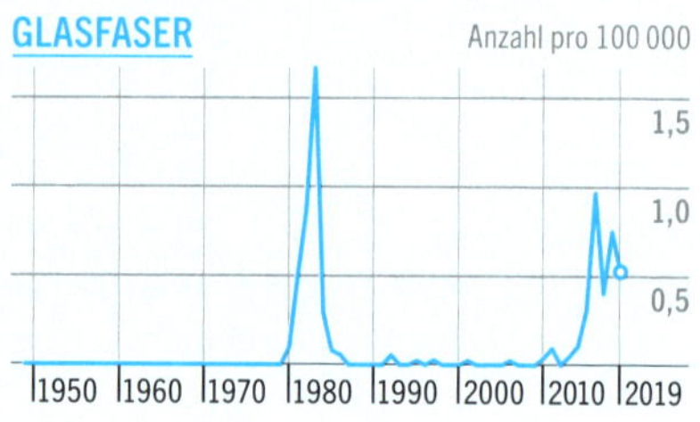

INTAKTE STRASSEN UND BRÜCKEN

Es gibt Themen, die dümpeln lange vor sich hin. Bis irgendwann klar wird, dass es wichtig gewesen wäre, sich darum zu kümmern. Ein solches Thema ist die Infrastruktur: jahrelang vernachlässigt und inzwischen so kaputt, dass die Reparatur viele Milliarden kostet.

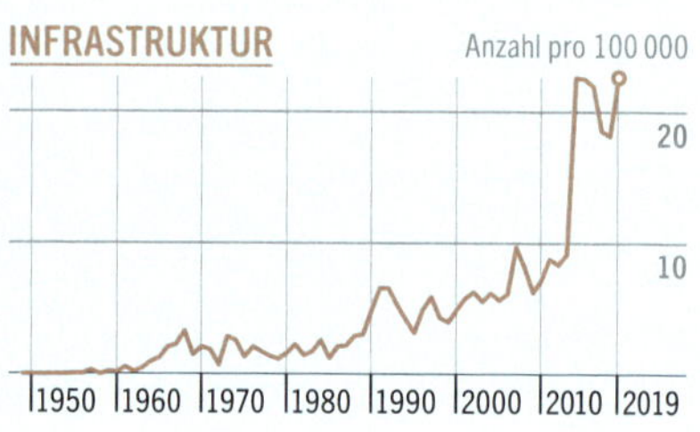

KONTROLLE DER BANKEN

Der Staat muss Banken beaufsichtigen, damit sie »gewisse sogenannte goldene Regeln« einhalten, so sagte Wirtschaftsminister Ludwig Erhard 1959. Damals bestand darüber Einigkeit im Bundestag. Ins Bewusstsein zurück kam die Idee jedoch erst wieder, als die Banken die Weltwirtschaft in eine Krise stürzten.

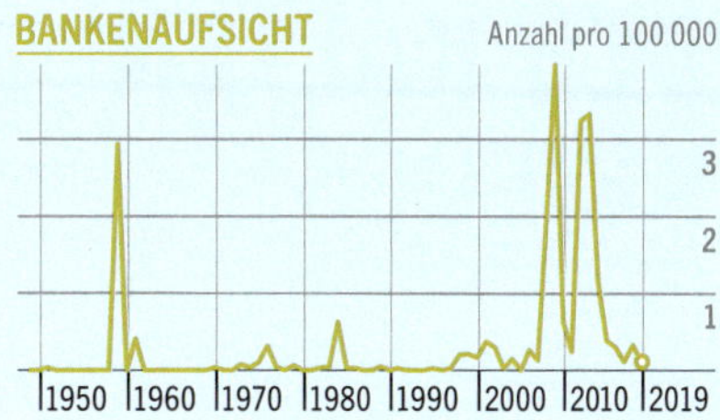

INTEGRATION STATT ABSCHOTTUNG

»Es wurden Arbeiter gerufen, doch es kamen Menschen an«, sang 1984 der ehemalige Gastarbeiter Cem Karaca. Als Teil der hiesigen Gesellschaft erkannte man diese Menschen jedoch erst spät an. Noch nach der Jahrtausendwende debattierte der Bundestag pauschal über Ausländer, obwohl die Betreffenden längst Deutsche waren (siehe auch Seite 115 f.).

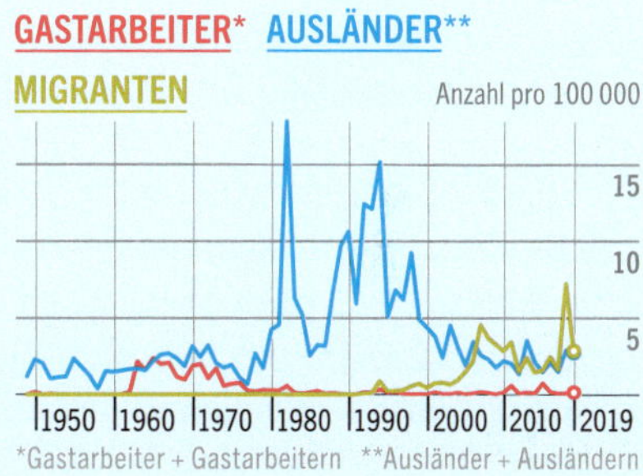

DIE SPRACHE DES KALTEN KRIEGES

Die Bundesrepublik hat in den Jahrzehnten der Teilung genau wie der Nachbarstaat eine politische Sprache hervorgebracht. Das zeigt sich auch am Gebrauch von Wörtern wie DDR.

Noch ist das große Wörterbuch des Kalten Krieges nicht geschrieben. Und wenn es denn eines Tages kommt, wird es darin wahrscheinlich eher um das bürokratisch-propagandistische Idiom des Ostens gehen. Dabei hat auch die Bundesrepublik eine Sprache des Kalten Krieges hervorgebracht. Eine Sprache, die Normen transportierte und bestimmte Zwecke verfolgte. Das erkennt man nur deswegen nicht so stark, weil uns die Sprache des deutschen Westens als das Normale erscheint.

Wenn man die Wörter aus den Reden im Bundestag als eine Enzyklopädie der Sprache der BRD benutzt, dann lassen sich in ihnen erstaunliche sprachliche Fußspuren des Kalten Krieges entdecken. Die zeigen sich bereits, wenn wir nur drei der gängigsten Begriffe aus der Rhetorik der Blockkonfrontation betrachten: »DDR«, »Wiedervereinigung« und »Mauer«.

DDR, ZONE, SBZ

Der Ausdruck »DDR« wurde im Bundestag bis in die späten 1960er-Jahre nur in homöopathischen Dosen genutzt. Damals wehte der Geist der antikommunistischen Hallstein-Doktrin durch das Parlament – sie stellte andere Staaten vor die Entscheidung, entweder mit der BRD oder mit der DDR Beziehungen zu

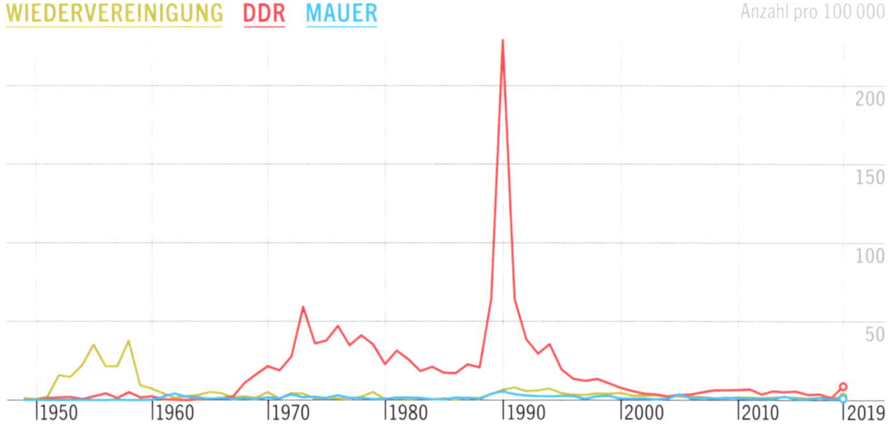

haben; beides zugleich war nicht möglich. Besonders unter Konservativen galt die DDR damals nur als »Zone«, »Besatzungszone« oder kurz »SBZ« für sowjetische Besatzungszone.

Doch Ende der 1960er-Jahre begann Willy Brandt seine Entspannungspolitik. Das Wort »DDR« wurde zunehmend auch im westdeutschen Sprachschatz akzeptiert. Seinen Nutzungsrekord hatte es 1973, als der von Brandt ausgehandelte deutsch-deutsche Grundlagenvertrag ratifiziert und die DDR nun auch im Westen anerkannt wurde.

Interessanterweise ging es von da an kontinuierlich bergab mit der Erwähnung der Brüder und Schwestern im Osten. Erst 1989, als die friedliche Revolution begann und die Mauer fiel, tauchte das Wort DDR auch wieder mehr im Bundestag auf. Im Jahr ihres Todes, 1990, wurde die Deutsche Demokratische Republik annähernd 7000-mal erwähnt - so häufig wie nie zuvor.

WIEDERVEREINIGUNG

Ganz ähnlich verhält es sich mit dem Wort »Wiedervereinigung«. Es prägte vor allem die 1950er-Jahre des Westens. Erstmals hatte der Begriff 1952 Konjunktur, als Stalin den West-Alliierten eine Wiedervereinigung Deutschlands unter der Bedingung anbot, dass es ähnlich wie Österreich ein neutraler Staat zwischen den Blöcken bliebe - was der damalige Bundeskanzler Konrad Adenauer (CDU) als Lockerung der Westbindung kategorisch ausschloss. Stalins Angebot - darin waren sich die maßgeblichen politischen Kräfte Westdeutschlands einig - war eine Finte. Dennoch: Die »Wiedervereinigung« Deutschlands, und zwar in einem »freien, geeinten Europa«, wie Adenauer betonte, wurde ein wichtiges politisches Schlagwort des Jahrzehnts.

Ende der 1950er-Jahre endete die Erwähnung im Bundestag jedoch einigermaßen abrupt. 1961, im Jahr des Mauerbaus, redete buchstäblich kaum noch jemand von der Wiedervereinigung. Erst als sie fast 30 Jahre später tatsächlich eintrat, wurde sie auch im Bundestag wieder häufiger genannt. Zumindest für kurze Zeit. Heute ist sie wieder ein ähnlich exotischer Begriff, wie sie es zur Zeit der Mauer war.

Apropos Mauer. Dieses Wort steht ikonisch für die Geschichte des Kalten Krieges. Wie häufig wird es also in den Jahren in der deutschen Teilung erwähnt worden sein? Wenn man die Grafik ansieht, stellt man fest: Erstaunlicherweise kaum. In manchen Jahren wird sie gerade ein Dutzend Mal angesprochen, wobei unklar ist, wie häufig die Berliner Mauer gemeint ist - oder vielleicht eine Freistoßmauer.

Das Thema der deutschen Wiedervereinigung, das zeigen die Konjunkturen aller drei Begriffe, erlebte in der Geschichte der Bundesrepublik unterschiedliche Relevanzphasen. In den 50er-Jahren omnipräsent, verschwand sie nach dem Mauerbau und der Annäherungspolitik Willy Brandts im Westen langsam von der Agenda. Erst als die Revolution und schließlich die Einheit kamen, geriet das Thema wieder in den Fokus. Allerdings - und das wird der Erfahrung vieler Ostdeutscher entsprechen - nur kurz. **CHRISTIAN BANGEL** ■

DIE OSTDEUTSCHEN UND DAS W-WORT

Ost und West, die Reizwörter aus der Zeit der Teilung, haben noch immer eine Bedeutung. Auch wenn die Politik sie nicht sehen will.

Ost- und Westdeutschland, das ist die zentrale politische Dichotomie der deutschen Nachkriegszeit. Von 1949 bis 1990 als konkrete politische Realität. Dann, in den Jahren danach, als weicher, manchmal verdrängter, schließlich aber wieder dringlicher werdender Aspekt der Nachwenderealität.

Schaut man sich in den Bundestagsdebatten an, wie oft beide Begriffe seit der Gründung der Bundesrepublik genutzt wurden, fällt zunächst einmal der große Kontrast zwischen der Zeit vor 1990 und jener danach auf. In den meisten Jahren vor der Wiedervereinigung spielten beide Begriffe erstaunlicherweise kaum eine Rolle – zusammen wurden sie selten häufiger als 100-mal erwähnt. Das mag auch damit zu tun haben, dass »Ostdeutsche« zwar ein Reizwort des Kalten Krieges war, damals aber auch noch eine andere Bedeutung hatte. »Ostdeutsche« waren im Sprachgebrauch der westdeutschen Konservativen bis in die 1970er-Jahre hinein jene, die auf dem Gebiet des heutigen Polen lebten oder gelebt hatten. Die Menschen, die auf dem Gebiet der DDR wohnten, galten hingegen lange als »Mitteldeutsche«.

Gibt man diesen Begriff ein, stellt man fest, dass er bis zum Ende der 1970er-Jahre ähnlich häufig wie Ost- und Westdeutsche genannt wurde – weit länger als andere Begriffe westdeutscher Front-Rhetorik wie »Ostzone« oder »SBZ«. Ungefähr mit dem Verschwinden der »Mitteldeutschen« fällt das Auftauchen der »DDR-Bürger« zusammen. Eine Formulierung, die die Regierenden der DDR nicht vor den Kopf stieß und gut in die 1970er- und 1980er-Jahre passte, als die Bundesrepublik unter verschiedenen Regierungen um Ausgleich und Kooperation mit der DDR bemüht war.

»WESTDEUTSCH« IMMER EIN POLITIKUM

Was auffällt: In fast jedem Jahr fiel das Wort »westdeutsch« im Plenum des Deutsches Bundestags häufiger als »ostdeutsch«. Selbst wenn man das Wort »mitteldeutsch« den Ostdeutschen zuschlägt, ändert das nichts an dem Übergewicht des Westdeutschen. Erstaunlich, sahen doch viele westdeutsche politische Repräsentanten im W-Wort lange eine Anerkennung der Teilung. Vielleicht aber machte auch dieser Begriff eine Wandlung durch. Er tauchte zunehmend auch dort auf, wo eigentlich vom Westen des Westens die Rede war, von Nordrhein-Westfalen, wo Westdeutscher Rundfunk, Westdeutsche Landesbank, Westdeutsche Zeitung und viele weitere »westdeutsche« Institutionen ansässig waren.

Der Begriff »westdeutsch« in seinem eigentlichen Sinne war immer ein Politikum, und er ist es bis heute. Im Jahr 2009 sagte Angela Merkel in einer Rede anlässlich des 20. Jahrestags des Mauerfalls sinngemäß, man könne froh sein, dass heute unter den jungen Menschen kein Unterschied mehr zwischen Ost- und Westdeutschen existiere. Sie täuschte sich, wie sich in den Jahren danach herausstellen sollte. Aber noch wichtiger ist die tiefere Botschaft, die in Merkels Postulat steckte. Nicht: Es gibt keine Probleme zwischen Ost und West, sondern: Es gibt kein Ost und West.

Das Ziel der deutschen Einheit war es erklärtermaßen, die Wunde der Teilung heilen zu lassen und damit auch die Begriffe ost- und westdeutsch überflüssig zu machen. Schaut man darauf aus ökonomischer Warte, muss man sagen, dass dieses Anliegen vorerst gescheitert ist: Was Vermögen, Einkommen, Alter, Jobstatus und viele andere Faktoren angeht, zeichnen sich auf der Landkarte nach wie vor die DDR und die BRD ab.

ENTKOPPELTE POLITIK

Politisch ist es nicht anders: Die Bereitschaft, AfD zu wählen, ist in vielen Teilen des Ostens weit höher als im Westen, was sicher auch auf die obigen Faktoren zurückzuführen ist, aber auch auf demografische Ungleichgewichte.

Betrachtet man dagegen die Nutzung der Wörter »ostdeutsch« und »westdeutsch« als Indikator für das Problembewusstsein der Politik, so drängt sich der Eindruck auf, dass sich dieses nach der deutschen Einheit zunehmend und scherenartig von den wachsenden Problemen des Ostens entkoppelte.

Nach einem Allzeithoch im Jahr 1992 – dem Jahr des Pogroms von Rostock-Lichtenhagen – ging es mit dem Thema von Jahr zu Jahr bergab. Selbst ikonische Momente ostdeut-

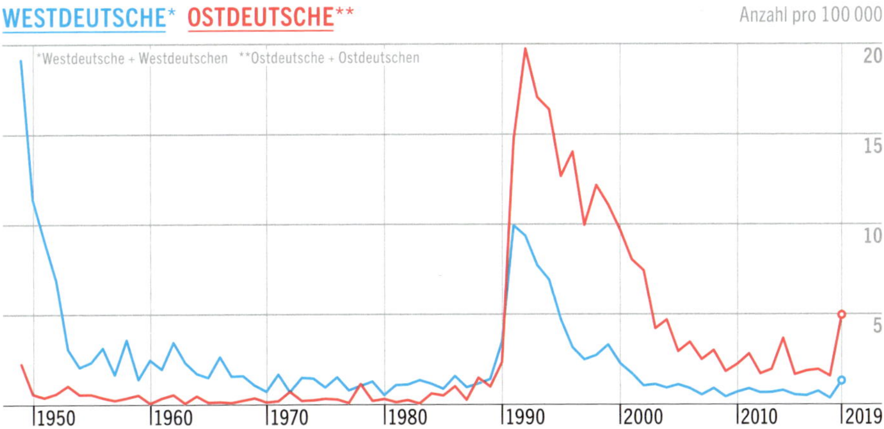

scher Wut – etwa das Jahr 2004 mit den Hartz-IV-Protesten – zeigten sich kaum darin, dass im Bundestag jemand häufiger von Ostdeutschen sprach. Nicht einmal das Aufkommen von Pegida und die starken AfD-Wahlergebnisse änderten daran etwas.

Erst im vergangenen Jahr nahmen wieder mehr Politiker das Wort in den Mund, dass es doch eigentlich nicht mehr geben soll: Ostdeutsche. Der Grund wahrscheinlich: die drei ostdeutschen Landtagswahlen und das 30-jährige Jubiläum der friedlichen Revolution. Es ist nicht schwer zu schätzen, wohin sich die Zahlen im Jahr 2020 entwickelt haben werden. **CHRISTIAN BANGEL** ■

EINMAL SCHLUSSLICHT, IMMER SCHLUSSLICHT

Deindustrialisierung, Arbeitslosigkeit, kein Geld: Sachsen-Anhalt hatte es nach der Wende schwer. Der Bundestag straft ausgerechnet das Schlusslicht mit Nichtbeachtung.

Volker Kauder war so etwas wie die ideologische Brennkammer der Unionsfraktion. Das rhetorische Wirken des Fraktionschefs ließ interne Kritiker regelmäßig verstummen. Hart grenzte er seine parlamentarische Mannschaft von den politischen Rändern ab: »Wer mit Extremisten zusammenarbeitet, der macht sie hoffähig«, rief er vom Pult ins Plenum des Bundestags.

Wie oft hat man Sätze wie diese gehört, seit die AfD in die Parlamente Deutschlands einzog – 2014 in Landtage in Sachsen und Brandenburg, dann auch in Westdeutschland, in die Gemeinderäte und in den Bundestag. Gerade jetzt, wo sich zeigt, dass in den Kommunen Schwarz-Blau nicht mehr automatisch Schamgefühl auslöst und die sachsen-anhaltinische CDU beginnt, an dem Tabu nach rechts zu rütteln.

Doch Moment – Kauder? Ist ja gar nicht mehr Fraktionschef. Das Zitat von Kauder liegt versteckt in den Redeprotokollen des Bundestags der 90er-Jahre. AfD-Chef Alexander Gauland war noch CDU-Mitglied und leitete die Staatskanzlei in Hessen. Die DDR hieß damals im Westen nicht mehr abfällig »die Zone«, sondern »die neuen Bundesländer« (salopp: »Neufünfland«). Sachsen, Thüringen, Sachsen-Anhalt, Brandenburg und Mecklenburg-Vorpommern waren gerade angeschlossen ans Rechts- und Wirtschaftssystem der alten Bundesrepublik. Bananen gab es nun auch zwischen Greifswald und

Suhl. Die Ossis zahlten stolz mit harter Währung. Deutschland, einig D-Mark-Land.

SACHSEN UND BRANDENBURG SPITZE

Wenn der nun gesamtdeutsch besetzte Bundestag aber über die fünf neuen Länder sprach, zeigten sich deutliche Unterschiede. Während der Flächengigant Brandenburg, das monarchisch-stolze Sachsen, das zentral und verkehrsgünstig gelegene Thüringen, das touristisch-beschauliche Mecklenburg-Vorpommern in aller Munde waren, bildete Sachsen-Anhalt das, was es schon immer war und auf absehbare Zeit auch bleiben sollte: das Schlusslicht.

Sachsen-Was? Im Bundestagsplenum wird das Bundesland 2534-mal erwähnt – das ist abgeschlagen letzter Platz, wie die Datenbank der Bundestagsprotokolle zeigt. Von Sachsen und Brandenburg ist fast doppelt so oft die Rede. Wären die 30 Jahre seit der Wende ein Rennen, endspurtete Brandenburg nach einem exponentiellen Anstieg seiner Kurve als Sieger durchs Ziel mit 247 Erwähnungen pro 100 000 Wörter allein 2019 (das sind 316 Prozent plus binnen drei Jahren). Das Land, dessen Name kaum genannt wird im Bundestagsplenum, ist auch im laufenden Jahr mit kümmerlichen 26 Erwähnungen wieder mal, sorry, Schlusslicht. Der Voldemort unter den Bundesländern weiß, wie es ist, totgeschwiegen zu werden. Und damit zurück zu Volker Kauder.

In der Grafik sticht Sachsen-Anhalt nur zweimal aus dem Grundrauschen mit einem Peak hervor: 1998 und 2002. Es war die Zeit, in der Sachsens Ministerpräsident Kurt Biedenkopf bei Ikea persönlichen Rabatt erzwang, die FDP wollte 18 Prozent, Jürgen Trittin bekam die Ökosteuer, die damalige PDS stritt um die SED-Millionen. In Sachsen-Anhalt regierte die SPD von Ministerpräsident Reinhard Höppner, toleriert von der PDS – das sind die hoffähig gemachten »Extremisten«, auf die Fraktionschef Kauder in seiner Bundestagsrede

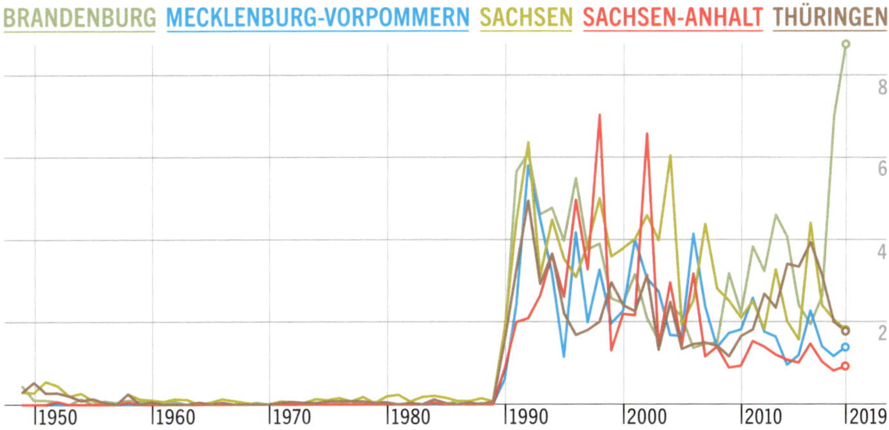

einschlug. Die Landschaften wollten schon damals nicht so richtig blühen – der Waggonbau in Ammendorf bei Halle machte dicht, das gigantische DDR-Chemiekombinat Leuna blieb ein Sanierungsfall.

HINTEN, UNTEN, SCHWÄCHSTER, LETZTER UND LINKS

Genau dieser schmerzliche Transformationsprozess lieferte den Bundestagsdebatten ihre Stichwörter. Nur durch 4,3 Milliarden D-Mark aus zumeist westdeutschem Steueraufkommen überlebte Leuna die Privatisierung, wie es in dem Protokoll von 1998 heißt, in dem Kauder von Extremisten spricht. CDU-Funktionäre gingen noch weiter: Ministerpräsident Höppner hätte die »Gemeinsamkeiten aller Demokraten aufgekündigt« und regierte so, als wenn eine Nachfolgeorganisation der NSDAP in der alten Bundesrepublik nach 1945 mitregiert hätte.

Die Ökonomin Cornelia Pieper von den Liberalen kritisierte: In Sachsen-Anhalt seien binnen fünf Jahren 11,4 Prozent der Unternehmen vom Markt verschwunden. Das Bundesland hatte damals deutschlandweit die meisten Arbeitslosen, viele aus den ehemaligen Chemiewerken. Und Friedrich Merz sagte, jetzt, wo auch noch die oppositionelle neonazistische Partei DVU im Landtag sitzt, steige die Jugendarbeitslosigkeit auf 16,5 Prozent – ein Spitzenwert. Viel Polemik für das Schlusslicht.

Ist Volker Kauder bald wieder gefragt? Vier Jahre später waren es weitere Negativmeldungen, die Sachsen-Anhalt im Bundestag Aufmerksamkeit verschafften. Im Haushalt des Landes sanken die Finanzzuweisungen an die Kommunen auf einen Niedrigststand, wie ein Protokoll von 2002 zeigt. Man diskutierte, Sachsen-Anhalt zur Niedriglohnregion zu machen. Margarete Späte von der CDU/CSU sagte: Sachsen-Anhalt sei »Schlusslicht aller neuen Bundesländer mit der niedrigsten Erwerbstätigenquote, dem größten Rückgang der Industriebeschäftigung, mit der höchsten Arbeitslosenquote und Abwanderung sowie mit den geringsten Investitionen in die wirtschaftsnahe Infrastruktur«.

Hinten, unten, Schwächster, Letzter und links – das sind die Attribute, mit denen der Bundestag Sachsen-Anhalt damals belegte. Ein Land, schwach wie der Letztgeborene in einem fünfköpfigen Wurf von Welpen, den man päppeln muss. Neuansiedlungen? Fehlanzeige. Als Erfolg zählte schon, dass der Waggonbau die nächsten drei Jahre nicht dichtgemacht werden soll.

Seit 2002 war im Bundestag dann nicht mehr viel von Sachsen-Anhalt zu hören. Trotz Aufstieg und Niedergang des Solar-Valley bei Bitterfeld, trotz des 350. Jahrestags des Magdeburger Halbkugelvakuums, das der Lokalheld Otto von Guericke auch mit 16 Pferden nicht knackte. Die Erwähnungskurven von Sachsen und Brandenburg stiegen auf wie die Dolomiten. Die von Sachsen-Anhalt verebbte wie die Abraumhalde des Braunkohletagebaus Profen.

Vielleicht ändert sich das schon bald – sollte die CDU im Magdeburger Landtag tatsächlich mit einer Zusammenarbeit mit der AfD experimentieren. Erste Hinweise gibt es schon. Dann wäre Volker Kauder wieder gefragt.

TILMAN STEFFEN ■

VOM NAZI ZUM NEONAZI UND ZURÜCK

Nazis waren von Beginn an Thema im Bundestag – ob im historischen Zusammenhang oder als Provokation. Mit Zunahme rassistischer Gewalt kamen die Neonazis dazu. Doch in letzter Zeit geht die Häufigkeit der Begriffe zurück. Wie kann das sein?

In den ersten Jahren war im Bundestag noch sehr viel von Nazis die Rede. Mit »Nazis« und »Nationalsozialisten« meinte man natürlich die Menschen, die in der damals noch ganz jungen Vergangenheit NSDAP-Mitglieder oder gar Verantwortungsträger gewesen waren. Der Abgeordnete der rechtsgerichteten Deutschen Partei Hans Ewers sprach 1949 explizit von »früheren Nazis«. Von Anfang an wurde die Bezeichnung aber auch als Beleidigung gebraucht, wie der Zwischenruf »Nazi-Reden!« eines SPD-Abgeordneten im selben Jahr belegt. Er unterbrach damit den Beitrag eines Abgeordneten der rechtsgerichteten Deutschen Partei über die »Fahnentuch«-Farben Schwarz-Rot-Gold und die »Notwendigkeit von Symbolen« auch in einer Demokratie.

Die Erwähnungen des Begriffs wurden mit den Jahren stetig seltener, bis sich ab Beginn der 1960er-Jahre kaum noch jemand mit »Nazis« befasste. Nicht einmal mehr verbal. Diese verhältnismäßige Ruhe endete in den späten 1970er-Jahren. Die Nazis des Dritten Reichs waren inzwischen zu Großeltern gealtert und wurden von ihren Kindern, die nun das politische Sagen hatten, als solche benannt. Das Wort »Nazi« fiel in den Parlamentsreden dieser Epoche meistens in Zusammenhang mit Begriffen wie »Verbrechen« und »Zeit«. Die Aufarbeitung hatte begonnen.

AUFKOMMEN DER NEONAZIS

Um Menschen zu bezeichnen, die nicht während des Hitlerregimes Nazis gewesen waren, sondern der faschistischen Ideologie in der Gegenwart anhingen, nutzte man nun den Begriff »Neonazis«. Neu war er jedoch nicht. Schon 1954, 1969 und 1971 fiel er im Bundestag, allerdings jeweils nur ein einziges Mal. Dennoch wurde der Begriff offensichtlich immer als bekannt vorausgesetzt: Es war in den 70ern oft von »sogenannten« oder »diesen« Neonazis die Rede. Der Ausdruck war meist wohl als Provokation gemeint, so zum Beispiel in dem Zwischenruf des SPD-Abgeordneten Peter Corterier im März 1979, der während eines Redebeitrags des CSU-Abgeordneten Lorenz Niegel polemisch in die Runde warf, was »hier der Unterschied zu einem Neonazi« sei. Niegels Art der Nachfragen, die seiner Meinung nach suggestiv und unzulässig wertend waren, veranlassten ihn zu dem Nazi-Vergleich. Das »Neo« war wohl dem Alter Niegels geschuldet: Dieser war damals erst 45.

Eigenständig und zunehmend häufiger wurde das Wort »Neonazi« erst in den 1990er-Jahren verwendet – zur Zeit der rassistisch motivierten Anschläge in Hoyerswerda, Rostock-Lichtenhagen, Mölln und Solingen. Die Kurve zeigt, dass es danach ein paar Dutzend Mal pro Jahr Anwendung fand. Mit einer Ausnahme im Jahr 2005, als das Wort in zwei Sitzungen deutlich öfter genannt wurde: Damals kam es am 18. Februar zu einer Debatte um die Verschärfung des Demonstrationsrechts. Anlass war ein Marsch von Neonazis mit schwarz-weiß-roten Fahnen durch das Brandenburger Tor. Knapp einen Monat später wurde im Bundestag erneut über eine Änderung des Versammlungsrechts und einen entsprechenden Gesetzesentwurf gestritten. Diesmal sorgten sich die Abgeordneten wegen möglicher Aufmärsche und Demonstrationen von Neonazis im Vorfeld der Einweihung des Berliner Holocaust-Mahnmals. Die Frage war, ob das Land oder genauer: der Bundestag und seine Mitglieder solche Bilder, die zwangsläufig um die Welt gehen würden, aushalten müsse und wolle. Oder ob der Bundestag »Neonazidemonstrationen am Holocaust-Mahnmal und an KZ-Gedenkstätten nicht dulden wolle«, wie eine Abgeordnete von Bündnis 90/Die Grünen es formulierte.

VOM NAZI ZUM RECHTSEXTREMEN

Danach – und bis heute – ging die Nennung des Begriffs im Bundestag auf die Häufigkeit vor 2005 zurück. Seit 2010 sprechen Abgeordnete wieder mehr von Nazis und beziehen sich dabei nicht auf die historischen Anhänger der NSDAP. Der »Nazi« löste den »Neonazi« sprachlich ab und wird inzwischen deutlich häufiger eingesetzt. Dennoch erstaunt angesichts der allerorten sichtbaren Gewalt gegen Migranten, dass beide Begriffe – »Neonazi« wie »Nazi« – nicht noch viel regelmäßiger in den Reden im Bundestag auftauchen.

Das liegt nicht daran, dass das Parlament sich nicht mit dem Thema beschäf-

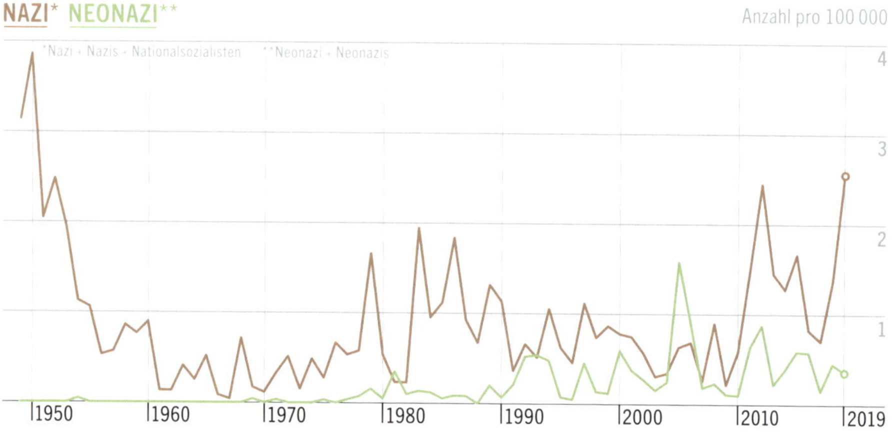

tigen würde. Doch hat sich inzwischen ein weiterer sprachlicher Wandel vollzogen: »Rechtsextreme« und »Rechtsextremismus« haben in den Reden der Parlamentarier und Parlamentarierinnen einen rasanten Aufstieg erlebt. Sie werden viel häufiger erwähnt, als es Nazis je wurden. WENKE HUSMANN ■

ANTISEMITISMUS WURDE LANGE IGNORIERT

Die deutschen Parlamentarier vermieden es anfangs möglichst, über rassistische und antisemitische Verbrechen zu sprechen. Das rächte sich: Später brachte nicht nur der NSU das Thema wieder mit Gewalt zurück.

Dafür, dass der deutsche Staat im Dritten Reich Millionen Juden ermordet und zahllose andere antisemitische und rassistische Straftaten begangen hatte, war Antisemitismus nach dem Krieg auffallend selten Thema im Deutschen Bundestag. Dabei gab es die Begriffe »Antisemitismus« und »Rassismus« damals durchaus schon. Seit dem 19. Jahrhundert waren sie gängig und seit dem frühen 20. Jahrhundert im politischen und wissenschaftlichen Diskurs etabliert. Nur mieden die Parlamentarier und Parlamentarierinnen diese Themen anfangs, so gut es ging.

Wenn in der ersten Legislaturperiode der Bundesrepublik doch über Antisemitismus gesprochen wurde, dann ging das vorrangig von jenen Parteien aus, die bald darauf verboten wurden. In seiner Anfangsphase beherbergte das höchste deutsche Parlament nämlich noch Politiker, die aus einer anderen Welt zu stammen schienen. Ihr Ton war rüde, ihre Ideologien würden wir heute als extremistisch bezeichnen. Faschisten (von der SRP) duellierten sich mit Kommunisten (von der KPD). Erstere relativierten in ihren Reden den »sogenannten Antisemitismus«, wenn sie sich über »Verbrechen an Deutschen«, etwa durch russische Soldaten, beklagten. Letztere warnten hingegen vor einem erneuten Erstarken des Antisemitismus. Beide Parteien wurden im Laufe der 1950er-Jahre vom Bundesverfassungsgericht verboten.

»NOCH KEIN WORT DER UMKEHR GEHÖRT«

SPD-Politiker wiesen auf Kontinuitäten hin. »Der Antisemitismus (...) hat ja nicht mit Hitler begonnen. Seine traurige Vergangenheit reicht sehr weit zurück«, sagte etwa der bayerische Abgeordnete Adolf Arndt im Februar 1952. Und er strahle bis zur Gegenwart aus, so Arndt weiter und er bezog sich da-

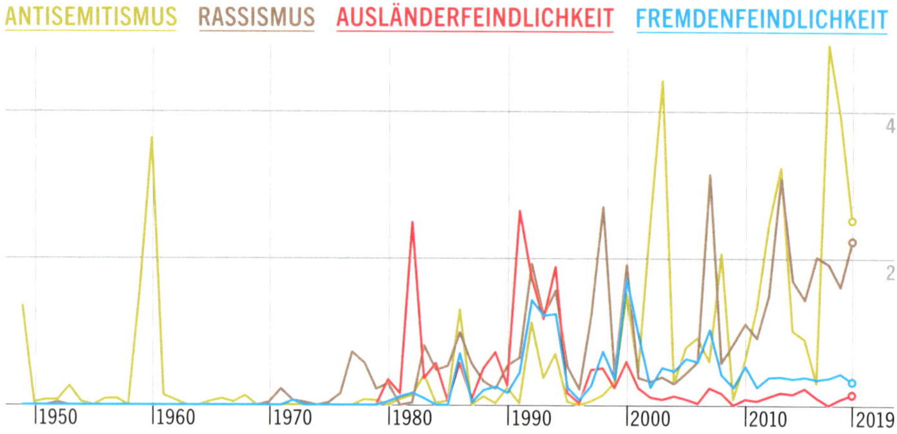

mit auf Adenauers erstes Kabinett, das aus Mitgliedern der CDU, der Deutschen Partei und der FDP bestand – alles Parteien, die noch ehemalige Nationalsozialisten beherbergten. »Wir haben noch kein Wort der Umkehr gehört«, so Arndts Vorwurf. Dabei sei doch »gerade der deutsche Boden Zeuge dafür geworden, wie wüste Orgien durch den Ungeist und das Gift des Antisemitismus gefeiert wurden«.

Aber, wie gesagt, solch offene Worte waren die Ausnahme. Dabei kam es bereits 1960 zu neuen antisemitisch motivierten Straftaten: Unter anderem wurde eine Synagoge in Köln mit Hakenkreuzen beschmiert. Endlich, fast 15 Jahre nach dem Ende der NS-Herrschaft, begann sich das Problembewusstsein allmählich zu ändern. Ab 1952 existierte die Bundeszentrale für Heimatdienst (der Vorläufer der Bundeszentrale für politische Bildung), zu deren Aufgaben es gehörte, über Antisemitismus aufzuklären und diesen zu bekämpfen.

Bis in die 1980er-Jahre hinein wurden CSU und CDU noch das ein oder andere Mal Antisemitismus vorgeworfen. Tatsächlich bedienten sich Abgeordnete wie der CSU-Mann Hermann Fellner entsprechender Klischees und Stereotype. Diese wurden aber im Bundestag von SPD und den neu eingezogenen Grünen prompt skandalisiert. Fellner und andere mussten ihre Worte zurücknehmen und sich entschuldigen.

NPD, NSU UND BRENNENDE FLÜCHTLINGSHEIME

Noch seltener als Antisemitismus wurden im Bundestag andere Diskriminierungen von Menschen aufgrund äußerlicher oder religiöser Merkmale thematisiert. Das, was wir heute zumeist als Rassismus bezeichnen, war überhaupt erst in den 1970er-Jahren kurz Thema, was aber auch daran liegt, dass der Begriff anfangs vor allem im angelsächsischen Raum gebraucht wurde. Bezeichnenderweise schwappte er in den Bundestag, wenn es um internationale Formate ging: Als etwa die Vereinten Nationen für das Jahr 1971 ein »Internationales Jahr zum Kampf gegen Rassismus und Rassendiskriminierung« plante, beteiligte sich die Bundesrepublik natürlich, ohne dass es im Plenum allzu oft thematisiert wurde.

Etwas häufiger gebräuchlich waren in den 1980er- und 1990er-Jahren die Begriffe »Ausländer- und Fremdenfeindlichkeit«. Die Zahl an Gastarbeitern, Asylanten und anderen Einwanderern war sukzessive gestiegen. Ebenso die Sorgen der Einheimischen, aber auch die Sensibilität der Politiker für das Thema.

So warnte der Sozialdemokrat Rudolf Hauck anlässlich von ausländerfeindlichen Krawallen in Fußballstadien bereits im Mai 1982: »Es könnte allerdings auch sein, daß diese Krawalle Anzeichen eines sich wandelnden Klimas sind, das von militanten Zügen geprägt wird. Die wachsende Ausländerfeindlichkeit, die sich bereits in solch scheinbaren Nebensächlichkeiten wie Türkenwitzen äußert, in Verbindung mit einer fortbestehenden Arbeitslosigkeit kann zu einer erheblichen Gefährdung des innenpolitischen Klimas führen.«

Bestätigt sahen sich viele Warner, als Anfang der 1990er-Jahre Anschläge auf Asylheime oder andere Unterkünfte, in denen Menschen mit ausländischer Herkunft lebten, verübt wurden. Orte wie Hoyerswerda, Rostock-Lichtenhagen, Mölln oder Solingen erlangten nun eine traurige Berühmtheit. Und natürlich waren diese ausländerfeindlichen Anschläge auch Thema im Bundestag.

Zum größeren und anhaltenden Thema wurden Antisemitismus und Rassismus aber erst im 21. Jahrhundert. Um das Jahr 2003 herum etwa debattierte der Bundestag über ein Verbot der rechtsextremen, teilweise antisemitischen NPD. Acht Jahre später erschütterte das Bekanntwerden einer rassistisch motivierten Mordserie die Republik – und war fortan oft Thema im Bundestag. Der NSU, eine terroristische Untergrundvereinigung, hatte jahrelang unbemerkt Menschen ausländischer Herkunft getötet. Deren Taten beschäftigten ab 2013 nicht nur das Oberlandesgericht München, sondern auch diverse Untersuchungsausschüsse in den Parlamenten.

Ein Amoklauf durch die Münchner Innenstadt 2017 war ebenfalls rassistisch motiviert. Genau wie eine Reihe von Brandanschlägen auf Flüchtlingsheime in dieser Zeit. Dem Bundestag – wie der deutschen Gesellschaft insgesamt – schwante nun, dass man dieses Thema zu lange zu sehr ignoriert hatte.

MICHAEL SCHLIEBEN

DIE LANGSAME ANNÄHERUNG AN DEN ISLAM

Zum Islam fiel der deutschen Politik lange Zeit nichts ein. Wichtig wurde die Weltreligion im Bundestag erst zu Beginn des 21. Jahrhunderts. Grund war islamistischer Terror. Der Islam wurde nun oft als Bedrohung beschrieben.

Die deutsche Politik hat den Islam erst spät für sich entdeckt. In den ersten drei Jahrzehnten kam er in den Reden des Deutschen Bundestags kaum vor. Ganz anders als die beiden anderen großen monotheistischen Weltreligionen: das Christen- und das Judentum. Das Erste war und ist die mit Abstand am häufigsten praktizierte Religion des Landes. An den Angehörigen des Zweiten hatten die Deutschen durch ihre Vernichtungspolitik historische Schuld auf sich geladen. Kein Wunder also, dass beide Glaubensrichtungen von Beginn an und bis heute kontinuierlich Gegenstand politischer Debatten waren und sind.

Der Islam hingegen fristete lange Zeit ein Schattendasein. Und das, obwohl die Zahl der Menschen muslimischen Glaubens in Deutschland spätestens mit der Ankunft der sogenannten Gastarbeiter kontinuierlich wuchs. Heute leben hier fast fünf Millionen Muslime, etwa die Hälfte von ihnen hat die deutsche Staatsbürgerschaft.

FREMD UND EXOTISCH

Dennoch wurde der Islam anfangs fast ausschließlich als ein fremdes, externes, ja tendenziell exotisches Phänomen behandelt. Mal ging es in den Redebeiträgen um »islamische Entwicklungsländer«, mal um »islamische Länder« als Lieferanten von Rohstoffen. Erstmals etwas häufiger fiel der Begriff 1979. Anlass war die Islamische Revolution im Iran, die von den Politikern im Bundestag in der Regel scharf verurteilt wurde.

Die Sorge vor Fundamentalismus und Anarchie im Nahen Osten war schon damals weit verbreitet. Französische Sozialwissenschaftler prägten in dieser Zeit den Begriff »Islamismus«. Gemeint ist damit ein islamischer Extremismus, dessen Ziel ein Gottesstaat ist und der die freiheitliche, demokratische Grundordnung westlicher Gesellschaften bekämpfen und abschaffen will. Etwas später wurde der Begriff auch in Deutschland gebräuchlich, im Bundestag fiel er erstmals 1993.

Zum Megathema wurde der Islam bzw. der Islamismus aber erst zu Beginn des 21. Jahrhunderts. Den ersten negativen Höhepunkt bildete das Jahr 2001. Am 11. September hatten Selbstmordattentäter vom Terrornetzwerk al-Qaida New York und Washington angegriffen und dabei fast 3000 Menschen getötet. Die NATO rief erstmals seit ihrem Bestehen den »Bündnisfall« aus.

Die USA reagierten unter anderem mit dem Krieg in Afghanistan. An diesem beteiligte sich auch die deutsche Bundeswehr, nachdem der deutsche Bundeskanzler Gerhard Schröder den USA »uneingeschränkte Solidarität« versichert hatte.

DEUTSCHE ISLAMKONFERENZ STARTET 2006

Von nun an tauchte der Islam regelmäßig in den Reden der Abgeordneten auf. Oft wurde er als Bedrohung beschrieben. Aber es mischte sich auch eine selbstkritische Komponente in diese Debatten. Es wurde diskutiert, ob sich in Deutschland Staat und Gesellschaft zu wenig mit dem Islam und seinen muslimischen Mitbürgern beschäftigten. Und es wurde immer wieder gemahnt, nicht alle Muslime pauschal zu verurteilen.

Aus dieser Grundstimmung heraus, die einerseits von Sorge, andererseits von dem Wunsch nach besserer Integration geprägt war, kam es zur ersten Deutschen Islamkonferenz 2006. Der damalige Innenminister Wolfgang Schäuble lud die islamischen Verbände des Landes dazu ein. Fortan fand jährlich eine Konferenz statt, die jeweils auch Thema im Bundestag war.

Den letzten großen Ausschlag verzeichnete der Islam als Bundestagsthema in den Jahren 2015 bis 2018. Auch hier war es meist der islamistische Terror, der die deutschen Politiker zu ihren Redebeiträgen veranlasste, ähnlich wie 2001. Inzwischen war der Terror allerdings nach Europa gekommen (siehe auch Seite 127 f.). In Paris, Brüssel, Berlin, London und vielen anderen Städten hatten Attentäter Menschen getötet und sich dabei auf Allah berufen. Gleichzeitig kamen in diesen Jahren viele Flüchtlinge nach Deutschland, oftmals aus islamischen Ländern. Verstärkt wurde der sprachliche Trend noch durch die AfD. Die neue Protestpartei polemisiert seit ihrem Einzug in den Bundestag im Jahr 2017 gegen den Islam und seinen vermeintlich schädlichen Einfluss auf die deutsche Gesellschaft. **MICHAEL SCHLIEBEN** ■

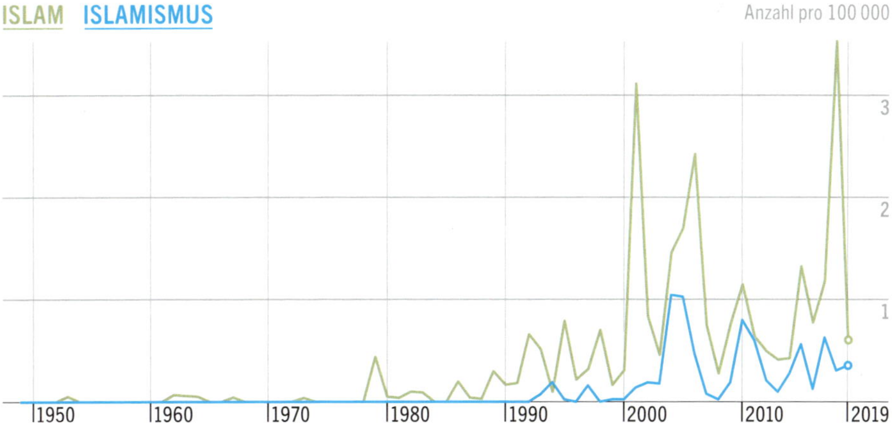

GESELLSCHAFT-LICHER WANDEL

Wenn sich das Verständnis von etwas ändert, dann ändert sich oft auch die Sprache. In keinem anderen Bereich ist das so auffällig wie bei gesellschaftlichen Umbrüchen, die sich selten ohne Reibung vollziehen. Und neue Bewertungen gehen oft mit neuen Bezeichnungen einher. Der »Erziehungsurlaub« wurde zur »Elternzeit«, aus den »Behinderten« wurden »Menschen mit Behinderung«. Strikte Gegner sprachen von »Abtreibung«, Befürworter einer Lockerung des § 218 von »Schwangerschaftsabbruch«. Aber auch neue Entwicklungen wie die Digitalisierung oder der Vegetarismus lassen sich anhand unserer Daten nachzeichnen. Homeoffice, so zeigt sich, ist nicht erst seit Corona in aller Munde – als »Heimarbeit« wurde es schon früh diskutiert.

Rund 3000 Menschen beteiligten sich 1975 in Frankfurt am Main an einer Demonstration gegen den Abtreibungsparagrafen 218. Abtreibung war bis in die 70er-Jahre ein gesellschaftliches Tabu. Die Forderungen der immer lauter werdenden Frauenbewegungen konnte schließlich auch der Bundestag nicht ignorieren.

DER §218 TRAGT BEI
ZUR
CHLAGUNG
UNSERER GEMEINSAMEN LUST
IN EI
ANGST
Nicht wir sind kriminell, sondern der § 218
ich habe abgetrieben
218
ICH HABE ABTREIBUNGS ADRESSEN VERMITTELT

AM DEUTSCHEN KAISER LIEGT'S NICHT

Im Deutschen Bundestag, und vielleicht auch in der Gesellschaft, muss sich etwas verändert haben. Es wird weniger vom Ich gesprochen und mehr vom Wir.

»Ich« und »wir« sind eigentlich zwei Wörter, die in Textanalysen nichts verloren haben. Bei ihnen handelt es sich um sogenannte Stoppwörter – um Begriffe also, die beispielsweise von Suchmaschinen herausgefiltert werden, weil sie auffällig häufig vorkommen und zum Verständnis eines Textes kaum von Bedeutung sind. Ja normalerweise verdecken solche Stoppwörter bei der Analyse sogar eher die wirklich wichtigen Begriffe.

Doch betrachtet man das Ich und das Wir in den Bundestagsprotokollen gemeinsam und im Zeitverlauf, dann ergibt sich ein interessantes Bild. Verfolgt man die »Ich«-Linie, fällt auf, dass es lange Zeit – bis in die 80er-Jahre hinein – offensichtlich bei Rednern und Rednerinnen im Bundestag üblich war, von sich selbst, also in der Ich-Form, zu sprechen. Ende der 1980er-Jahre ersetzten Politikerinnen und Politiker dann immer häufiger das bisher übliche »Ich« durch ein »Wir«. Heute spricht der Deutsche Bundestag mehrheitlich im Plural.

Doch was ist die Ursache für diesen langsamen, aber durchaus stetigen Wandel? Schlagen sich hier etwa die Ereignisse von 1989, dem Jahr des Mauerfalls, nieder? Haben EU und Globalisierung zu einer Stärkung des Wirgefühls – auch in der Sprache – geführt? Nimmt der Egoismus in der Gesellschaft ab?

»Wir, Wilhelm von Gottes Gnaden Deutscher Kaiser, König von Preußen«. Wer so von sich spricht, verwendet den »Pluralis Majestatis«. Lange Zeit war er Monarchen und Bischöfen vorbehalten, die so von sich in der Mehrzahl sprachen und schrieben. Doch diese Form ist längst Geschichte. Auch in den heutigen Monarchien redet niemand mehr so, selbst die britische Queen nutzt die alltägliche Höflichkeitsform und spricht eher von »My husband and I«.

Liegt die Veränderung dann etwa in der häufigeren Verwendung des »Pluralis Modestiae«, des Bescheidenheitsplurals? Früher verwendeten Autoren statt eines »Ich« ein »Wir«, um selbst in den Hintergrund zu treten. Sie betonten dadurch die Bedeutsamkeit des geäußerten Gedankens, hinter den sie als Redner, als Person, zurücktreten wollten. Doch auch diese Geste der Bescheidenheit ist als Stilmittel mittlerweile eher unüblich.

INKLUSIVES UND EXTENSIVES WIR

Die wohl wahrscheinlichste Erklärung könnte folgende sein: Die Redner nutzen immer häufiger das sogenannte inklusive »Wir«, das alle Angesprochenen einschließen will. Nicht nur der Redner oder die Rednerin habe eine Haltung oder ein Bedürfnis, sondern alle gemeinsam, die Gesellschaft als Ganzes, habe es, soll diese sprachliche Inklusion nahelegen. Durch die Verwendung der Wir-Form stellen Redner eine Beziehung zu ihrem Publikum, ein Zusammengehörigkeitsgefühl her. »Wir brauchen mehr Platz für den Radverkehr« schließt mindestens die Zuhörer und -hörerinnen mit ein, wenn nicht sogar alle Menschen in Deutschland.

Zugleich lässt sich mit dem »Wir« aber auch Verantwortung verschleiern. Wenn der Sprecher oder die Sprecherin davon redeten, dass *wir* eine Entscheidung treffen müssen, dann schließt das eine unklare Menge Menschen mit ein und lässt offen, wer genau es denn tun muss.

Eine weitere Erklärung für die Verschiebung zum »Wir« könnte auch noch in einer anderen Verwendungsform des Personalpronomens liegen, dem extensiven »Wir«. Wenn etwa Angela Merkel berichtet, »wir« hätten jemanden festgenommen, war sie natürlich bei der Festnahme selbst nicht dabei. Sie signalisiert durch das »Wir, dass sie sich mit denjenigen, die in ihrem Sinn gehandelt haben, identifiziert. Das »extensive Wir« kann aber auch gefährlich sein. Dann etwa, wenn es um Inhalte geht, die an Werte bzw. Weltanschauungen geknüpft sind. Ein »Wir müssen die Grenzen schließen« aus dem Mund eines AfD-Politikers stülpt diese Meinung auch ungewollt anderen über, die sie überhaupt nicht vertreten. Noch unsinniger ist das »Wir«, weil die AfD selbst die Grenzen gar nicht schließen kann. Schließlich ist sie in der Opposition.

Ob Merkels »Wir schaffen das« oder die SPD-Wahlkampfparole »Das Wir entscheidet« – offenbar ist ein neues Wirgefühl ausgebrochen. Und zumindest die Nennung in den Bundestagsprotokollen legt nahe, dass es immer stärker wird. **JULIUS TRÖGER** ■

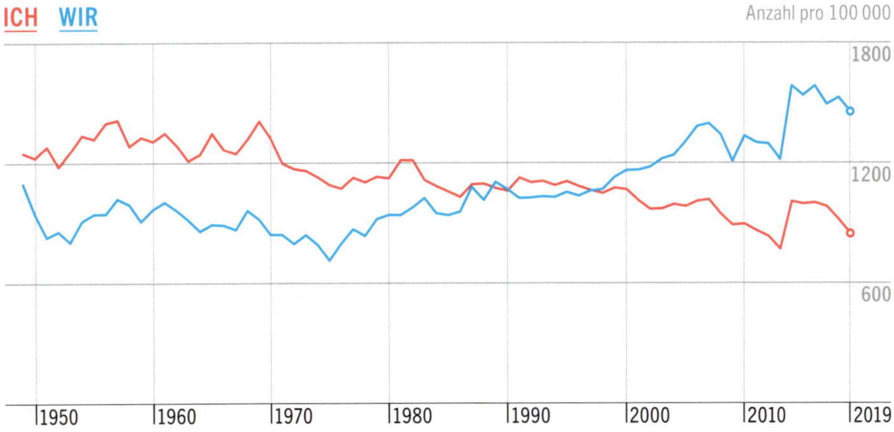

POLITIK MIT DEN SCHATTEN DER VERGANGENHEIT

Ausländischen Beobachtern gilt der deutsche Wille, Erfahrungen mit zwei Diktaturen aufzuarbeiten, heute als beispielgebend. Doch im Bundestag war es ein schleppender Prozess mit unterschiedlichen Phasen.

»Wer sich nicht an die Vergangenheit erinnern kann, ist dazu verdammt, sie zu wiederholen«, schrieb der amerikanische Philosoph und Schriftsteller George Santayana. Der Duden definiert den Begriff »Vergangenheitsbewältigung« als »Auseinandersetzung einer Nation mit einem problematischen Abschnitt ihrer jüngeren Geschichte, in Deutschland besonders mit dem Nationalsozialismus«. Der Blick in die Auswertung der Protokolle zeigt, dass eben diese »Vergangenheitsbewältigung« in den ersten zwei Jahrzehnten nach Kriegsende kein großes Thema im Bundestag war.

Natürlich wurde in dieser Zeit auch über den Nationalsozialismus debattiert. Dabei ging es meist um die persönliche Schuld einzelner prominenter Akteure. Die Priorität lag jedoch weniger auf der Aufklärung der Größe ihrer Schuld. Im Gegenteil: Der Bundestag verabschiedete in den ersten Jahren seines Bestehens Amnestiegesetze. Durch sie wurde eine Mehrheit der zuvor verurteilten Nationalsozialisten begnadigt. Kaum ein Wunder – bei einem Viertel der Parlamentarier der zweiten Legislaturperiode (1953–1957) stand eine NSDAP-Mitgliedschaft im Lebenslauf.

Erst nachdem Gesetze zur Straffreiheit und Reintegration der NS-Täter beschlossen waren, wandte sich das Parlament der Frage der Entschädigung der Opfer zu. In diesem Zusammenhang fiel dann auch erstmals der Begriff »Vergangenheitsbewältigung«. Der damalige Bundesfinanzminister Franz-Josef Strauß (CSU) verwendete ihn etwa 1967, versuchte aber sofort, den Blick von der Vergangenheit wegzulenken. Es ging um finanzielle Folgelasten des Kriegs: »Jetzt stehen wir eben vor der Aufgabe (...) die Umstellung von der Vergangenheitsbewältigung auf die Zukunftsmeisterung vorzunehmen. Wir müssen die Entschädigungstatbestände so, wie sie gegeben sind, anerkennen und ihre finanzielle Bedienung sicherstellen.«

ENTSCHÄDIGUNG ERST NACH DER WIEDERVEREINIGUNG

Weit reichte dieser Wille zur Entschädigung nicht. Die ehemaligen Zwangsarbeiterinnen und Zwangsarbeiter, die nun im Ausland lebten – also wieder in ihrer Heimat, aus der die Nazis sie verschleppt hatten – sollten von Entschädigungen ausgeschlossen sein. Und daran änderte sich lange nichts.

Dieses Bestreben, die eigene Vergangenheit nicht aufzuarbeiten, entsprach dem gesellschaftlichen Klima der damaligen Zeit. Die FDP-Abgeordnete Hedda Heuser-Schreiber brachte das Dilemma und die Stimmung in vielen deutschen Familien im Jahr 1968 in einer Debatte zur politischen Bildung auf den Punkt: »(...) es ist schlimm, wenn man versucht, den Schülern in der Schule aus einem objektiven Abstand heraus diese Vergangenheit verständlich zu machen und sie dazu zu Kritik und Einsicht zu bringen, und wenn dann zu Hause über diese Art der Vergangenheitsbewältigung Urteile in der Art laut werden: ›Die sollen in der Schule etwas anderes mit Euch tun, als unsere eigene Vergangenheit zu beschmutzen!‹«

Der Wunsch, alles zu vergessen, war stark, doch im Parlament bemühte man sich immerhin, dagegen anzukämpfen. Viermal änderte der Bundestag die Verjährungsgesetze, weil die Gefahr drohte, dass auch schwerste Verbrechen straffrei blieben. Bundesjustizminister Horst Ehmke (SPD) sagte im Sommer 1969 dazu: »Es geht daher in dieser Diskussion um die Verjährung auch darum, unserem Volk zu helfen, sich von dieser seelischen Verklemmung zu befreien.« Es gehe eben nicht um eine sogenannte Vergangenheitsbewältigung, sagte Ehmke. Die habe die SED vorgemacht, als sie den nationalsozialistischen einfach in den sozialistischen Menschen umgetauft habe. »Viele sagen heute, es müsse endlich ein Schlussstrich gezogen werden. (...) Es muss Schluss sein mit dem Kollektivvorwurf an dieses Volk, ein Volk von Mördern zu sein.« Doch eine Freisprechung des Volkes von dem falschen Vorwurf der Kollektivschuld könne nur gelingen, »wenn wir die Mörder in diesem Volk stellen und zur Verantwortung ziehen«.

Es gibt viele Zitate wie dieses, die belegen, dass Vergangenheitsbewältigung zu dieser Zeit immer gepaart war mit dem Wunsch, einen kollektiven Schlussstrich zu ziehen. Dem trat der frühere Bundesinnenminister und

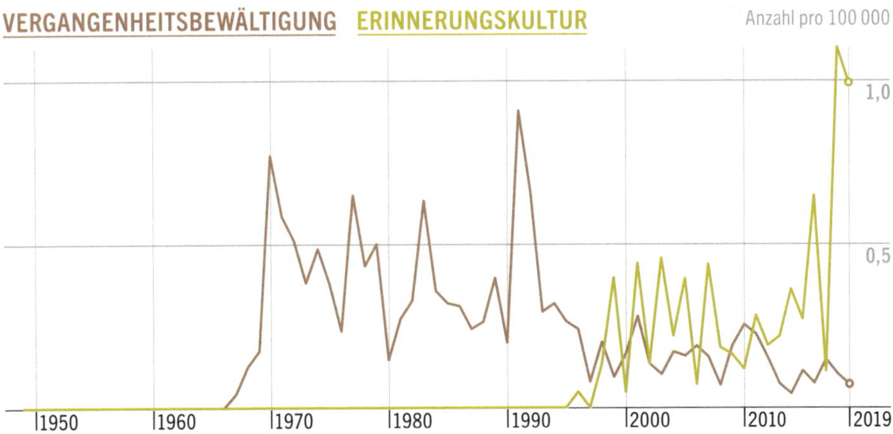

FDP-Abgeordnete Werner Maihofer in einer Verjährungsdebatte 1979 entgegen: »Über Mord wächst irgendwann mal Gras, und zwar im Regelfall schon nach einer Generation. Über Auschwitz aber wächst kein Gras, noch nicht einmal in 100 Generationen.«

Als 1983 die Grünen erstmals in den Bundestag einzogen, setzten sie sich sehr dafür ein, in diesem Sinne zu handeln. Vor allem forderten sie, Zwangsarbeiterinnen und Zwangsarbeiter endlich zu entschädigen, was über Jahrzehnte aufgeschoben worden war. Doch erst 1998 einigten sich die Fraktionen darauf, eine Stiftung zur Entschädigung von Zwangsarbeit unter finanzieller Beteiligung der deutschen Wirtschaft einzurichten.

ERINNERN STATT SCHLUSSSTRICH

In der deutschen Nachkriegsgeschichte musste jedoch nicht nur der Nationalsozialismus aufgearbeitet werden. Auch die SED-Diktatur samt ihren gesellschaftlichen Begleiterscheinungen wurde nach 1989 unter dem Stichwort »Vergangenheitsbewältigung« im Parlament verhandelt. Das zeigt auch der höchste Ausschlag für diesen Begriff in der Debattenkurve.

Ausländischen Beobachtern gilt dieser deutsche Wille, die Erfahrungen zweier Diktaturen aufzuarbeiten, heute als beispielgebend. Der deutsche Begriff »Vergangenheitsbewältigung« hat es sogar in den englischen Sprachschatz geschafft.

Doch muss, wer den gesamten Komplex verstehen will, noch einen weiteren zentralen Begriff betrachten, nämlich den der »Erinnerungskultur«. Die Kulturwissenschaftlerin Aleida Assmann beschreibt die Aufarbeitung der NS-Zeit in zwei Phasen. In der ersten, die als »Vergangenheitsbewältigung« oder »Politik des Schlussstrichs« bezeichnet wird, konzentriere man sich auf symbolische Aktionen von abschließendem Charakter. In einer zweiten Phase setze sich dann die Überzeugung durch, dass Versöhnung nur durch gemeinsames Erinnern möglich sei. Diese beiden Phasen zeigen sich auch in den Kurven der Bundestagsdebatten: Vergangenheitsbewältigung wird in den Reden schließlich von Erinnerungskultur abgelöst.

Erstmals wurde der Begriff 1996 in einer Debatte über die Errichtung eines Holocaust-Mahnmals in Berlin verwendet. Der FDP-Abgeordnete Burkhard Hirsch machte klar, dass es eben nicht nur Einzeltäter waren, die sich in der Zeit des Nationalsozialismus schuldig gemacht hatten: »Wir haben uns zu Tätern und Opfern machen lassen. Ich habe mich immer über die Formulierung gewundert, die Verbrechen an unseren jüdischen Mitbürgern seien ›im deutschen Namen‹ begangen worden, als sei es jemand anders gewesen als wir selbst. Das ist ein Teil des Verdrängens.« Hirsch sprach sich daher für einen Ort des Erinnerns aus: »Es geht in der Tat nicht um eine künstliche oder künstlerische Erinnerung an eine ferne Vergangenheit, sondern um etwas, was in die Gegenwart fortwirkt, was weiterwirkt.« Trotz solcher Einsichten zog sich die Diskussion um das Holocaust-Mahnmal in Berlin über viele Jahre hin. Erst 2005 konnte es eingeweiht werden.

Unter dem Eindruck zunehmender rechtsextremer Gewalt und dem Einzug der rechtspopulistischen AfD in den Deutschen Bundestag erlebte der Begriff »Erinnerungskultur« in vielen Debatten der letzten Jahre eine neue Hochkonjunktur: Im November 2019 richtete sich der SPD-Abgeordnete Johannes Kahrs in seiner Rede im Parlament direkt an den AfD-Fraktionsvorsitzenden Alexander Gauland: »Ich glaube, solange in diesem Hohen Hause Menschen sitzen, die eine Zeit, in der über sechs Millionen Juden systematisch ermordet wurden, als Vogelschiss in der deutschen Geschichte bezeichnen, weiß man, dass Erinnerungskultur notwendig ist.« SASCHA VENOHR ■

HABEN WIR NICHT ALLE MEHRERE HEIMATEN?

Heimat ist ein in verklemmten politischen Debatten hart umkämpftes Wort und hat dank dieser schon lange seine Unschuld verloren. Dabei kann es gar nichts dafür.

Es gibt vermutlich wenige auf den ersten Blick derart harmlose Wörter, die seit einigen Jahren so aggressiv umkämpft und bekämpft werden wie das Wort »Heimat«. Wann immer ein Politiker oder eine Politikerin das Wort ausspricht, wird zuverlässig der Verdacht laut, hier werde im Sinne einer völkischen Ideologie gesprochen, die eher ausschließt als verbindet.

Und es stimmt ja zunächst auch: Wenn die AfD, die in Schurwolle gewaschenen konservativen Mitglieder der Union oder – abseits der Parlamente – rechtsradikale Wach- und Schießgesellschaften zuletzt von Heimat redeten, so verwies das Wort auf eine Region, die vor dem sogenannten Fremden (Migranten, Asylbewerber usw.) geschützt werden müsse. Im Bundestag waren es vor allem die rechten und konservativen Fraktionen, die dieses Wort wieder in die Debatten einführten, was der plötzliche Ausschlag der Kurve ab 2017 zeigt.

Ihre Rede von Heimat ist dann immer eine weinerliche Verlustgeschichte oder Vermisstenanzeige. Immer ist sie in Gefahr. Sie existiert ausschließlich im Niedergang. Und immer dort, wo die Heimat angeblich vor dem Abgrund steht, wird sie umso lauter mit vermeintlicher Bürgertugend, Steuerzahlerwut und Abstammungspatriotismus beschworen und mindestens rhetorisch verteidigt.

MISSGLÜCKTE RÜCKEROBERUNGSVERSUCHE

Im politischen Kontext könnte man also sagen: Die Heimat hat schon lange ihre Unschuld verloren. Und hiermit könnte

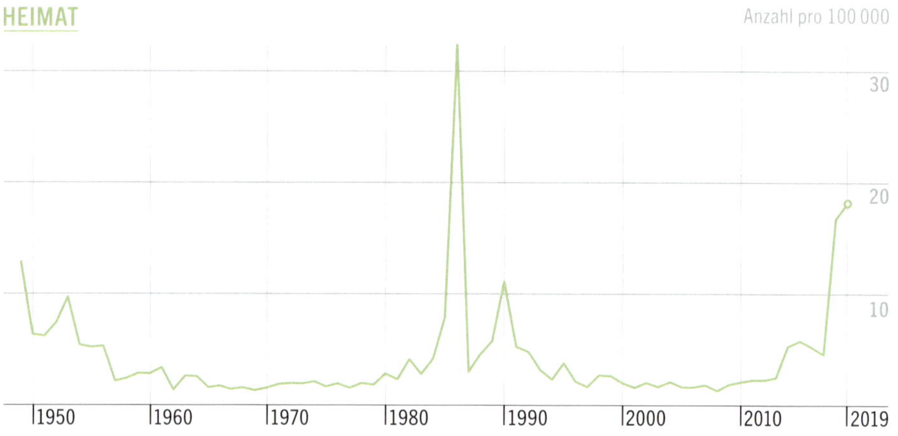

man die Sache auch beenden. Es bliebe lediglich eine verklemmte Diskussion darüber übrig, ob jeder, der das Wort benutzt, nicht auch einer derer ist, die lieber unter sich blieben.

Die Grünen wollten es vor einiger Zeit verzweifelt den Rechten entreißen, sagten Heimat, wenn sie Umwelt meinten, was nicht so geschickt war. Allerdings: So wichtig es ist, nicht bloß darauf hinzuweisen, wo ein Wort herkommt, sondern auch, wo es hingeht - Heimat ist mehr als nur ein Begriff, der durch die dröhnende politische Instrumentalisierung von rechts kontaminiert wäre. Es hat ja noch andere Bedeutungsebenen. Es beschreibt auch das individuelle Gefühl, das Menschen gegenüber Orten haben können. Heimat, das ist auch die Menge von unverbundenen Geschichten aus Gerüchen, Geräuschen, Dialekten, Erlebnissen und Erinnerungen, die geprägt sind durch die Landschaften, in denen man aufgewachsen ist.

Einen Ostfriesen, der nach langer Zeit in Süddeutschland wieder am Wattenmeer steht, dürfte möglicherweise eine Aufwallung von Heimatgefühl befallen, ohne dass er sofort eine Grenze errichten will. Ähnlich dem einst aus Bayern verzogenen Menschen, der plötzlich die Alpen wiedersieht.

HEIMAT IST KEINE KOLLEKTIVERFAHRUNG

Man kann das lächerlich finden, man kann das knallromantisch finden - politisch gesehen ist es harmlos. Solche Heimatgefühle müssen auch gar nicht unbedingt positiv sein, sie können auch der Grund sein, weshalb man einem Ort unbedingt entkommen möchte. Sie sind aber vermutlich da, in welcher Qualität auch immer. Im Übrigen ist auch nicht gesagt, dass Menschen nur eine Heimat haben können - solche ortsgebundenen Erinnerungen sammelt der Mensch ja sein Leben lang. Und man kann durchaus ein gebrochenes, ironisches, sarkastisches, gleichgültiges Verhältnis zu ihnen haben.

Bedenklich werden diese Heimatgefühle erst wieder, sobald man sie zur fiktiven Kollektiverfahrung aufpudelt. Dann beginnt der Job der Werbeagenturen, die uns mit nostalgischen Idyllen aus der Kindheit zum Kauf von Marmelade mit 50 Prozent Fruchtgehalt verführen wollen. Dann beginnen die Bilderwelten von Sackleinen und Kupferkannen und Til-Schweiger-Filmen, die bukolischen Schwülstigkeiten der Fernsehspots, in denen Frauen in großen Waschzubern Quark anrühren, so »wie früher«. Oder es kommen die Wohnungsbaugesellschaften wie die »Neue Heimat«, wollen ihre Sozialwohnungen mithilfe des klingenden Namens vermieten, bereichern sich daran und müssen abgewickelt werden – was 1986 übrigens im Bundestag zum Allzeithoch des Wortes »Heimat« in den Bundestagsreden führte, ganz ohne rechtskonservative Deutungshoheit.

Allerdings, wem bei Heimat trotzdem allgemach mulmig wird oder wer keine Lust hat, sich in verklemmte Debatten zu begeben, in denen man nichts gewinnen kann, der kann auf ein anderes Wort ausweichen, das fluider, flexibler und obendrein konkreter klingt. Es heißt: zu Hause. Im Bundestag wird es bislang kaum verwendet. Aber das kommt ja vielleicht noch.

DAVID HUGENDICK ■

VON FLIEGENDEN TOMATEN UND KÄMPFERISCHEN FRAUEN

Über Generationen kämpften Frauen für ihre Gleichberechtigung – auch im Bundestag. Bis sich etwas änderte, dauerte es oft Jahrzehnte. Der Feminismus erfand sich in der Zwischenzeit immer wieder neu.

Frauen können es eigentlich nicht richtig machen. Sie sollen Kinder kriegen und liebevoll erziehen, schön und schlank aussehen, sich um Haushalt, Familie und Freunde kümmern und gleichzeitig auch noch erfolgreich im Beruf sein. Aber noch immer schaffen es Frauen seltener in Chefpositionen und verdienen oft weniger als ihre männlichen Kollegen, selbst wenn sie die gleiche Arbeit leisten. In der Rente angekommen, leiden sie häufiger unter Altersarmut. »Männer und Frauen sind gleichberechtigt«, heißt es zwar in Artikel 3 des deutschen Grundgesetzes. Die gleichen Chancen und Möglichkeiten haben Frauen aber bis heute nicht.

Und doch hat sich vieles verbessert. Nicht zuletzt, weil Generationen von Frauen für ihre Rechte kämpften, auf die Straßen gingen und sich so Gehör verschafften. Die Themen, die sie beschäftigten, haben sich dabei immer wieder geändert und die Frauenbewegung hat sich über die Jahre mehrfach neu erfunden. Auch wenn es gedauert hat, bis ihre Forderungen in der deutschen Politik ankamen, ist für junge Frauen heute vieles von dem selbstverständlich, was vor einigen Jahren noch auf heftigen Widerstand stieß.

RECHTLICHE GLEICHSTELLUNG

Vor dem Grundgesetz gleichgestellt waren Frauen seit 1949, als der Bundestag zum ersten Mal tagte. Anfang des 20. Jahrhunderts hatten die Suffragetten von England ausgehend in vielen Ländern Europas für die rechtliche Gleichstellung der Frau gekämpft, das Wahlrecht hatten sie sich in Deutschland 1918 erstritten. Dass der Satz »Männer und Frauen sind gleichberechtigt« von Beginn an im Grundgesetz stand, dafür hatten die Frauen unter den Verfassern, insbesondere die SPD-Politikerin Elisabeth Selbert, gesorgt. Damit war eine zentrale Forderung der ersten Generation der Frauenbewegung – der Grundsatz der Gleichberechtigung – bereits erfüllt, zumindest auf dem Papier.

Aber nicht alle damals erlassenen Gesetze standen in Einklang mit diesem Grundsatz. Vier Jahre hatten die Parlamentarier als Übergangsfrist vereinbart, um alle Gesetze anzupassen. Doch die Abgeordneten konnten sich nicht einigen, die Frist lief ohne Ergebnis ab. Erst als das Bundesverfassungsgericht das geltende Familienrecht für ungültig erklärte, wurden die längst überfälligen Veränderungen vorgenommen. Ab 1957 galt die Gleichberechtigung von Frau und Mann in der Ehe, ab 1958 durften dann Frauen auch ohne Erlaubnis ihres Ehemannes arbeiten gehen.

DAS PRIVATE IST POLITISCH

1968 war das Jahr der Studentenbewegung. Vieles war im Aufbruch, aber selbst unter den progressiven Studierenden mussten Frauen sich erst Gehör verschaffen. Beim Delegiertenkongress des Sozialistischen Deutschen Studentenbunds (SDS) kam mit Helke Sander nur eine einzige Frau zu Wort. Sie beschrieb, wie Frauen und insbesondere Mütter immer noch gesellschaftlich unterdrückt wurden, und forderte, die Situation der Frauen endlich zu diskutieren. Als die männlichen Kollegen nach ihrer Rede direkt zur Tagesordnung übergehen wollten, bewarf ihre Mitstreiterin Sigrid Rüger sie mit Tomaten – und entzündete damit die zweite Welle der Frauenbewegung.

»Das Private ist politisch« lautete ihre Botschaft. Sie sprachen über Gewalt in der Familie und die schwierige Situation von berufstätigen Müttern, sie organisierten sich in autonomen Gruppen, eröffneten Frauenhäuser und forderten, Abtreibungen nicht weiter zu bestrafen. 1974 und 1975 wurde das damals geltende Strafrecht dann tatsächlich geändert, seitdem konnten Frauen ihre Schwangerschaft zumindest unter bestimmten Bedingungen bis zur zwölften Woche beenden (siehe auch Seite 78 ff.). 1977 folgte eine Reform des Scheidungsrechts: Ein Paar konnte sich nun auch trennen, ohne dass einer von beiden als Schuldige oder Schuldiger benannt wurde. Indirekt verschwand damit auch die eheliche Pflicht zum Beischlaf und der gesetzliche Trennungsgrund, dass einer der beiden Partner – und häufiger war das die Frau – Sex verweigerte. Bis Vergewaltigung in der Ehe als solche anerkannt und damit auch genauso hart bestraft wurde, dauerte es allerdings noch bis 1997.

Immer wieder diskutierte der Bundestag die Themen der Frauenbewegung. Bis aber tatsächlich Änderungen beschlossen wurden, dauerte es manchmal Jahrzehnte. Diese Erfahrung machte etwa der 1979 innerhalb des Bundesministeriums für Jugend, Familie und Gesundheit gegründete Arbeitsstab Frauenpolitik, der die Themen der Frauenbewegung aufnahm. »Wer die Arbeit dieser Gruppe geringschätzt, weiß nicht, wie sehr dies das Bohren harter Bretter ist in einer Welt, die immer noch von Männern bestimmt ist«, sagte 1979 die SPD-Bundesministerin Antje Huber. Erst 1980 wurde per Gesetz festgelegt, dass Frauen für die gleiche Arbeit auch das gleiche Gehalt bekommen müssen. Ab 1986 erleichterte das Bundeserziehungsgeld den Frauen, Familie und Beruf zu vereinbaren. 1994 ergänzten die Abgeordneten Artikel 3, Absatz 2 des Grundgesetzes durch einen Zusatz, dass der Staat die Durchsetzung der Gleichbehandlung fördert und auf die Beseitigung bestehender Nachteile hinwirkt. Etwas also, was die Frauenbewegung schon seit Jahrzehnten einforderte.

DER NEUE FEMINISMUS

In den 90er-Jahren formierte sich zunächst vor allem in den USA eine neue Welle der Frauenbewegung. Der Feminismus kämpfte nicht länger nur für die Rechte der Frauen, sondern öffnete sich. Feministinnen sprachen nun vermehrt über das »Gender«, das sozial konstruierte Geschlecht neben dem biologischen Geschlecht. Die Queer-Feministische Bewegung hinterfragte Geschlechteridentitäten und forderte Rechte der Homosexuellen. Zusätzlich wandte der Feminismus sich vermehrt der Kapitalismuskritik zu, stellte die

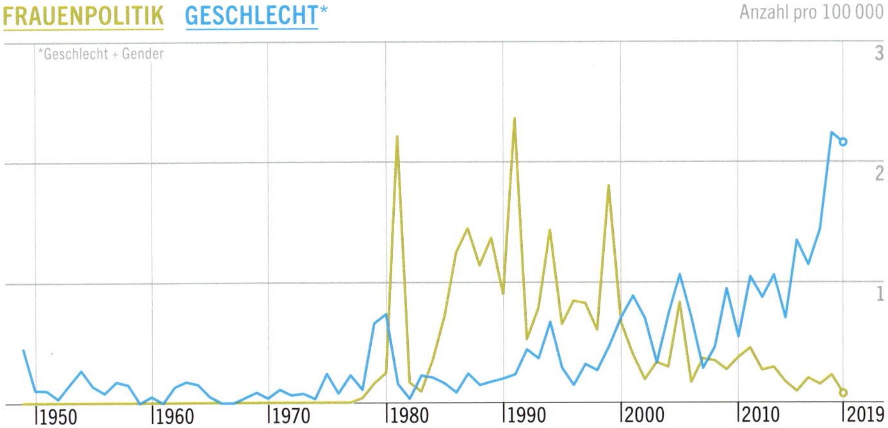

Klassenfrage und setzte sich gegen rassistische Diskriminierung ein.

Auch in den Debatten des Bundestags lässt sich dieser Wandel beobachten. Statt über Frauenpolitik debattierte man nun vermehrt über die Gleichstellung der Geschlechter. 2006 wurde die Elternzeit eingeführt, wobei ein Teil des Geldes nur dann ausgezahlt wird, wenn beide Partner sich eine Auszeit nehmen (siehe auch Seite 75 ff.). Im gleichen Jahr wurde auch das Allgemeine Gleichbehandlungsgesetz beschlossen, das »Benachteiligungen aus Gründen der Rasse oder wegen der ethnischen Herkunft, des Geschlechts, der Religion oder Weltanschauung, einer Behinderung, des Alters oder der sexuellen Identität verhindern und beseitigen soll«. 2017 schließlich wurde die Ehe für alle eingeführt (siehe auch Seite 80 f.).

Gleichzeitig erreichte die Teilhabe der Frauen im Bundestag eine neue Selbstverständlichkeit. 2005 wurde mit Angela Merkel zum ersten Mal eine Frau Bundeskanzlerin. Obwohl sie selbst sich kaum für die Themen der Frauenbewegung einsetzte – ohne sie hätte sie es wohl kaum so weit gebracht.

ELENA ERDMANN ■

BROT UND EIER UND DIE ROLLE DER FRAU

Der Deutsche Bundestag zeigt in seinen Debatten ein zwiespältiges Verhältnis zur deutschen Hausfrau. Er will sie fördern, fordern und unterstützen. Und lässt doch nicht zu, dass sie sich emanzipiert.

Seit der Gründung des Bundestags sitzen Frauen mit im Parlament, gleichberechtigt sind sie deshalb aber noch lange nicht. Das zeigt sich unter anderem in der Art, wie dort über die Hausfrau und ihre gesellschaftliche Wahrnehmung gesprochen wurde. Wer den Begriff in den Bundestagsprotokollen sucht, erkennt schnell, dass die knapp sieben Prozent weiblichen Abgeordneten in den Anfangsjahren schwer darum kämpfen mussten, ernst genommen zu werden.

HAUSFRAU VS. GESCHÄFTSMANN

Viel wurde der Hausfrau nicht zugetraut. So fürchtete etwa 1950 der SPD-Politiker Otto Arnholz, dass falsche Reklameaufschriften, die Margarine als bestes Mittel zur Kräftigung der Kinder anpriesen, die Hausfrauen allzu leicht hinters Licht führen und sie verleiten könnten, ihren Kindern zu viel des fettigen Aufstrichs aufs Brot zu schmieren.

Überhaupt debattierte man über die Hausfrau vor allem dann, wenn es um die Belange des Alltags ging, etwa um

Lebensmittel, die aus anderen Ländern nach Westdeutschland geliefert wurden. Genau wie jeder Geschäftsmann wisse auch jede Hausfrau, wann die Preise für diese und weitere Lebensmittel anstiegen, so der KPD-Politiker Friedrich Rische 1949. Das Begriffspaar Hausfrau – Geschäftsmann wurde als Gegensatz gedacht und verwendet, auch wenn beide gesellschaftlichen Gruppen manche Themen anscheinend teilten.

Das bedeutete allerdings nicht, dass die Frauen und ihre entsprechenden Hinweise von den männlichen Kollegen ernst genommen wurden. So erging es etwa der CDU-Abgeordneten und promovierten Lehrerin Margarete Gröwel. Nachdem sie den Kollegen Alfred Loritz, Gründer der Partei Wirtschaftliche Aufbau-Vereinigung, 1950 beim Eierpreis korrigiert hatte, belehrte er sie: »Und wie steht es denn mit den Mehlpreisen? Sie sind doch Hausfrau, Frau Kollegin: Sie wissen doch ganz genau, was ein Pfund Mehl kostet! Aber wissen Sie, was der Bauer dafür bekommt? Er bekommt 13 Mark für den Zentner Weizen.«

FRAUEN SOLLEN HAUSFRAU SEIN WOLLEN

Solche Debatten lassen tief in die patriarchale Gesellschaft des damaligen Deutschland blicken. Im Bild dieser Zeit ist der Mann der Arbeitende, während die Frau die Aufgabe hat, das Hauswesen zu leiten. Dazu ist sie berechtigt, aber sie ist auch dazu verpflichtet – und verpflichtet sich und andere Frauen selbst dazu.

In den ersten Nachkriegsjahren nannte Maria Niggemeier, Mitglied der Zentrumspartei und Mitbegründerin der CDU, als eines ihrer »Endziele«, die weibliche Jugend durch fördernde Maßnahmen dem Hausfrauenberuf zuzuführen. Niggemeier, die später das Große Bundesverdienstkreuz erhielt und für ihre Verdienste um die katholische Kirche geehrt wurde, wünschte sich, dass junge Mädchen die Arbeit im Haushalt

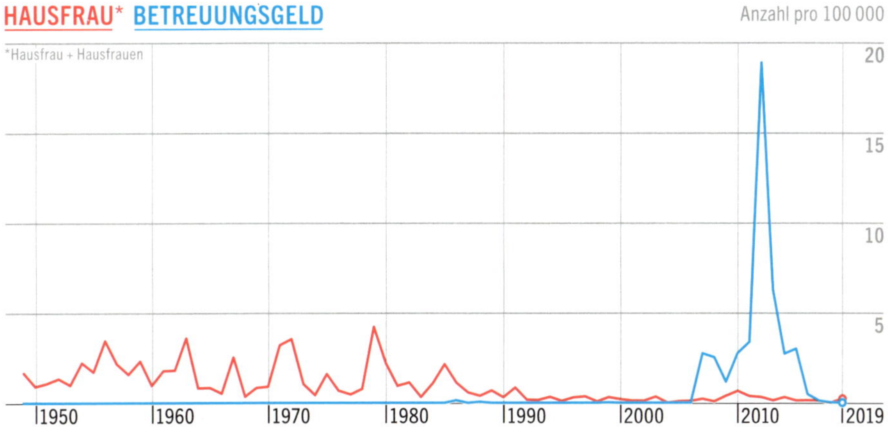

freudig bejahten. Sie sollten ihrer ihnen von der Natur gegebenen Bestimmung folgen, Hausfrau zu sein.

Die Rolle der Hausfrau bestimmte damals nicht nur das gesellschaftliche Bild der Frau, sie war ihr damals sogar gesetzlich zugeordnet. Von 1958 bis 1977 stand im Bürgerlichen Gesetzbuch (BGB), dass die Frau den Haushalt in eigener Verantwortung führe. Alles andere müsse sie dieser Aufgabe unterordnen. »Sie ist berechtigt, erwerbstätig zu sein, soweit dies mit ihren Pflichten in Ehe und Familie vereinbar ist«, heißt es im Gesetz. In der vorigen Fassung, die von 1900 bis 1958 galt, war die Frau über die Hausarbeit hinaus sogar zu »Arbeiten im Hauswesen und im Geschäfte des Mannes« verpflichtet, »soweit eine solche Tätigkeit nach den Verhältnissen, in denen die Ehegatten leben, üblich ist«. Erst Ende der 1970er-Jahre legte der Gesetzgeber fest, dass die Ehegatten die Haushaltsführung »im eigenen Einvernehmen« regeln und beide berechtigt sind, erwerbstätig zu sein.

KRITIK AM WORT REICHT NICHT

Spätestens ab den frühen 80ern fand diese gesellschaftliche Veränderung ihren Niederschlag auch in den Plenardebatten. Die Abgeordneten verwendeten das Wort »Hausfrau« immer seltener und distanzierten sich immer häufiger davon. Sie wollten nicht mehr darüber sprechen, was eben jene Hausfrau typischerweise tue und wie sie zu sein habe. In der Diskussion über die genannte Passage des BGB etwa stellte der damalige Bundesminister der Justiz, Hans-Jochen Vogel (SPD), dem Wort »Hausfrauenehe«, wie die bis 1977 geltende Regelung auch genannt wurde, ein »sogenannt« voran. Er formulierte im Anschluss, dass er dieses Leitbild für von der Wirklichkeit längst überholt hielt.

Die Kritik an der Bezeichnung ging jedoch nicht zwangsläufig mit einem besonders fortschrittlichen Frauenbild einher. Auch der CDU-Abgeordnete Albert Burger, damals Vorsitzender der Christlich-Demokratischen Arbeitnehmerschaft Südbaden, kritisierte 1979 den Ausdruck. Zugleich setzte er sich jedoch bei der Bundesministerin für Jugend, Familie und Gesundheit Antje Huber (SPD) dafür ein, auch den Hausfrauen ein Mutterschaftsgeld zu zahlen. Huber wollte für arbeitende Frauen diese Zahlung einführen, um ihren in der Zeit des Mutterschutzes entgangenen Lohn zu kompensieren. Burger aber forderte, es allen Frauen zu zahlen, auch denen ohne Beruf. Sonst werde die »Nur-Hausfrau, wie man gelegentlich hören kann – ich lehne den Ausdruck ab – zum Aschenbrödel der Nation gemacht«. Dass er das als Entschädigung gedachte Geld damit umwidmen würde, schien ihm zu entgehen. Er konnte sich dann auch nicht durchsetzen: Nicht berufstätige Frauen erhalten bis heute kein Mutterschaftsgeld.

Die Debatte um die Hausfrau aber wurde 30 Jahre später erneut geführt, wenn auch unter anderem Namen. Zwischen 2007 und 2015 stritten die Parlamentarierinnen und Parlamentarier heftig über das sogenannte Betreuungsgeld. Der Ausdruck zeigt in den Redeprotokollen zu dieser Zeit eine erst rasant ansteigende und dann ebenso rasant wieder abfallende Kurve.

Dieses Betreuungsgeld, das Eltern

beziehen sollen, wenn sie ihr Kind zu Hause betreuen, statt es in die Kita zu bringen, war eines der Hauptziele der CSU im Bundestagswahlkampf 2009. Besonders die Linkspartei bemängelte, dass die »Herdprämie«, wie das Betreuungsgeld abfällig genannt wurde, ein veraltetes Familienbild verfestige, da in der Regel die Mütter - und nicht die Väter - die Kinder zu Hause betreuen würden. Auch die übrigen Oppositionsparteien SPD und Bündnis 90/Die Grünen lehnten es aus diesem Grund ab. Trotzdem wurde es am 1. August 2013 unter der schwarz-gelben Koalition bundesweit eingeführt. Zwei Jahre später, im Juli 2015, urteilte das Bundesverfassungsgericht, dass die Regelung gegen das Grundgesetz verstoße.

Seitdem ist es in den Plenardebatten still um das Betreuungsgeld geworden, um die Hausfrau sowieso. Die Diskussion aber, was Frauen sein wollen und wie sie der Staat dabei unterstützen kann, wird weitergeführt. Die Wörter mögen sich in den vergangenen 70 Jahren immer wieder verändert haben. Noch immer aber geht es darum, welche Rollen die Gesellschaft Frauen zuschreibt und wo Sprache, Denkmuster oder sogar Gesetze verhindern, dass für Frauen genauso viel Platz ist wie für Männer. **MARIA MAST** ■

WARUM ES MANCHMAL GUT IST, NICHT VON URLAUB ZU SPRECHEN

Immer wieder werden in der politischen Sprache Wörter durch andere ersetzt – oft, um einer neuen Haltung Ausdruck zu verleihen. So löste die Elternzeit den Erziehungsurlaub ab.

Die wirksamste Waffe der Politikerinnen und Politiker ist die Sprache. Sprache beeinflusst das Denken. Wer Überzeugungen und Haltungen ändern will, der tut gut daran, Wörter neu aufzuladen oder gar neue Wörter zu verwenden. Ein solcher - erfolgreicher - Versuch, eine neue Haltung auch mittels eines neuen Begriffs in eine neue Politik zu überführen, ließ sich am 7. Juli 2000 im Bundestag beobachten.

An diesem Tag beschloss der Bundestag, das sogenannte Erziehungsgeld zu reformieren, und Christine Bergmann, damals SPD-Familienministerin, sagte in ihrer Rede vor dem Plenum: »Wir verabschieden uns jetzt auch von dem widersprüchlichen Begriff ›Erziehungsurlaub‹. (...) Bei aller Freude, die mit Kindererziehung verbunden ist, wissen wir doch, dass der Begriff ›Ur-

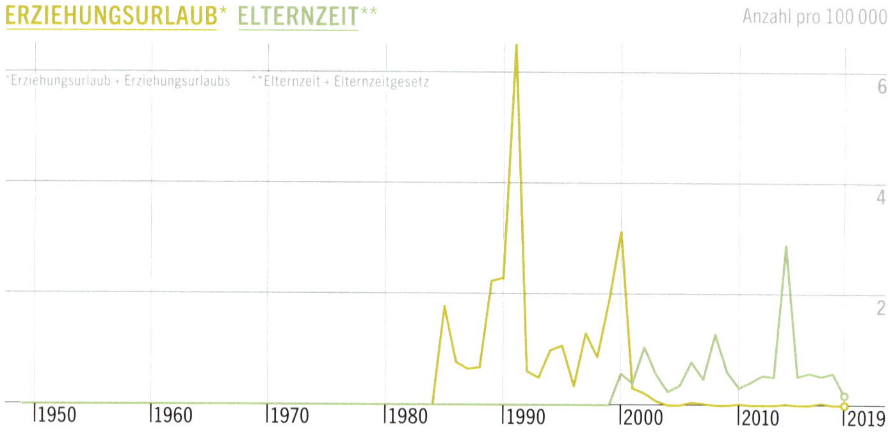

laub‹ vielleicht nicht ganz angebracht ist. Wir werden den Erziehungsurlaub also künftig ›Elternzeit‹ nennen. Einverstanden?«

Es klingt nach einer sprachlichen Kleinigkeit, ist aber viel mehr. Der Begriff »Erziehungsurlaub« legte nahe, dass es sich dabei um eine erholsame Auszeit von der eigentlichen Arbeit handele – wer Kinder hat, weiß jedoch, dass ihre Betreuung und Erziehung keinesfalls Urlaub sind. So wurde in jener Bundestagssitzung im Jahr 2000 nicht nur eine Erhöhung des Erziehungsgeldes beschlossen, sondern es ging den Politikerinnen und Politikern vor allem auch darum, die Erziehung des Nachwuchses aufzuwerten und gleichberechtigter zwischen Müttern und Vätern aufzuteilen. Der neue Begriff »Elternzeit« sollte diesen Wertewandel in der Gesellschaft vorantreiben (siehe auch Seite 69 ff.).

ALTE ROLLENMUSTER ÜBERWINDEN

»Wir versuchen, das traditionelle Rollendenken, also die traditionelle Aufgabenverteilung, ein Stück weit zu überwinden«, sagte Bergmann. Man trage damit der gelebten Vielfalt von Familien Rechnung. So gab es fortan nicht mehr für alle den gleichen Elterngeldsatz, sondern passte ihn dem individuellen Gehalt des oder der Beantragenden an. Die Überlegung: Bekämen die Männer, die oft besser verdienten, weiterhin nur den vergleichsweise geringen Fixsatz, würden Familien, die sich für eine Erziehungszeit des Vaters entscheiden, schnell in finanzielle Schwierigkeiten geraten. Die Folge wäre, dass, wie man in den zurückliegenden Jahren gesehen hatte, nach wie vor meist Mütter zu Hause beim Kind blieben.

Die Neuerung führte zwar noch lange nicht zu dem Idealzustand, dass sich Männer und Frauen zu gleichen Teilen an der Kindererziehung beteiligen. Aber immerhin erkannten die Politikerinnen und Politiker an jenem Tag das gesellschaftliche Problem an und suchten nach einer Lösung. Bereits die bis dahin geltenden Regeln für den

Erziehungsurlaub waren ein Versuch gewesen, die gesellschaftliche Realität, dass vor allem die Mütter zu Hause blieben, durch gesetzlichen Druck zu verändern. Sie stammten aus dem Jahr 1985. Damals war im Bundestag ein Gesetz verabschiedet worden, das sich erstmals bemühte, beide Elternteile an der Erziehung zu beteiligen.

In diesem ersten Gesetzentwurf stand: »Der Staat muß (...) dafür sorgen, daß diese Aufgabe nicht nur den Frauen überlassen bleibt.« Die Regierung wollte schlicht erreichen, dass sich mehr Väter an der Erziehung ihrer kleinen Kinder beteiligten. Im Gesetz legte man daher fest: »Um einen Anreiz zu schaffen, den Elternurlaub zwischen Mann und Frau zu teilen und Familienaufgaben verstärkt auch den Männern zu übertragen, verlängert sich der Elternurlaub und der Anspruch auf Elternurlaubsgeld um drei Monate, sofern jeder Elternteil den Elternurlaub für mindestens vier Monate in Anspruch nimmt.«

BEIM MUTTERSCHAFTSURLAUB FÜHLEN VÄTER SICH NICHT GEMEINT

Wie stark dieser erste Versuch von 1985 noch immer alte Rollenbilder spiegelte, zeigte indes der Redebeitrag von Heiner Geißler, Minister für Jugend, Familie und Gesundheit, am 13. September 1985 im Bundestag: »Alle Mütter werden in Zukunft ein Erziehungsgeld erhalten, nicht nur die Angestellte, die Arbeiterin, sondern auch die selbständig tätige Frau, die im Handwerk und im Geschäft mitarbeitende Ehefrau, die Hausfrau, die Bäuerin. (...) Sie alle erhalten ein Erziehungsgeld von monatlich 600 DM zunächst für zehn Monate und von 1988 an für ein Jahr.« Der Kreis der Erziehungsgeld-Berechtigten war zwar vergrößert worden – aber nur um einen weiteren Kreis von Frauen.

Alles zusammen – der zu schwache Anreiz, die sprachliche Bagatellisierung durch den Begriff »Urlaub« und die Bestärkung traditioneller Rollenbilder – führte dazu, dass sich auch nach 1985 die Rollenverteilung nur wenig änderte, sodass man im Jahr 2000 gut daran tat, das Gesetz erneut umzubauen.

Dabei war bereits das Gesetz von 1985 ein erheblicher Fortschritt gewesen, auch sprachlich. Bis dahin hieß das Konzept »Mutterschaftsurlaub«. Väter spielten darin keine Rolle. Angesichts der Bezeichnung war es auch kein Wunder, dass sie sich nicht gemeint fühlten. Sprache zählt. KAI BIERMANN ■

»WIR HABEN ABGETRIEBEN!«

Geht es um den Schutz des ungeborenen Lebens oder um die Selbstbestimmung der Frau? Wenn der Bundestag über Abtreibung debattiert, wird Grundsätzliches verhandelt.

»Wir haben abgetrieben!«, erklärten 374 Frauen im Jahr 1971 auf dem Titel des Magazins *Der Stern* – und brachen damit ein gesellschaftliches Tabu. Alice Schwarzer hatte die Unterschriften der Frauen nach dem Vorbild einer französischen Zeitung gesammelt. Die Frauen, die sich zu einem Abbruch bekannten – 28 waren sogar auf dem Titel abgebildet –, riskierten damit eine Verurteilung. Denn auf Abtreibung stand zu dieser Zeit noch eine Gefängnisstrafe von bis zu fünf Jahren, auch wenn sie in der Praxis kaum verhängt wurde. Das Risiko nahmen die Frauen in Kauf. Sie wollten darauf aufmerksam machen, dass das Verbot ungewollt Schwangere nicht daran hinderte abzutreiben. Und sie forderten, den Paragrafen 218, der die Bestrafung der Abtreibung regelte, abzuschaffen.

Die sexuelle Befreiung Ende der 60er-Jahre, die lauter werdende Frauenbewegung und nicht zuletzt die medienwirksame Aktion von Alice Schwarzer und den 374 Frauen trugen dazu bei, dass Anfang der 70er-Jahre das Thema Abtreibung die Gesellschaft und auch die Politikerinnen und Politiker im Bundestag beschäftigte.

ABTREIBUNG ODER SCHWANGERSCHAFTSABBRUCH?

Doch wenn der Bundestag über Abtreibung debattierte, ging es dabei meistens um Grundsätzliches. Immer wurde auch die Frage verhandelt, was wichtiger sei: der Schutz des ungeborenen Kindes oder die Freiheit und Selbstbestimmtheit der Frau. Die beiden Seiten schienen dabei unvereinbar, was sich auch in unterschiedlichen Begrifflichkeiten niederschlug. »Abtreibung« sagten vornehmlich diejenigen, die den Schutz des ungeborenen Kindes betonten. Über einen »Schwangerschaftsabbruch« sprachen eher jene, denen es um die Selbstbestimmtheit der Frau ging.

Anfang der 70er-Jahre forderten einige Politikerinnen und Politiker im Bundestag, Schwangerschaftsabbrüche bis zu einem bestimmten Zeitpunkt zu erlauben. 1973 sagte die SPD-Abgeordnete Elfriede Eilers: »Uns kommt es darauf an, wenn wir den § 218 aufgreifen, Frauen aus dem Raum des Strafgesetzbuchs heraus in eine Situation zu bringen, die unter gesetzlicher, unter ärztlicher Kontrolle von ihr selbst mitbestimmt werden kann.« Ein generelles Verbot von Abtreibungen würde Frauen nicht davon abhalten, eine ungewollte Schwangerschaft zu beenden. Stattdessen würden sie ins Ausland fahren, um dort abzutreiben. Oder schlimmer noch: Einige Frauen würden sich an zweifelhafte Stellen wenden, wo Abtreibungen oftmals unter schlechten medizinischen Bedingungen durchgeführt würden.

Während die eine Seite dafür warb, aus diesen Gründen das bisher geltende Recht zu lockern, sahen andere dadurch den Schutz des ungeborenen Kindes gefährdet. »Für uns ist und bleibt Abtreibung vorsätzliche Abtötung werdenden Lebens«, sagte 1971 der CDU-Politiker Friedrich Vogel.

1974 verabschiedete der Bundestag schließlich eine neue Fassung des Paragrafen 218, nach der der Schwangerschaftsabbruch bis zur zwölften Woche straffrei war. Doch die neue Regelung scheiterte vor dem Bundesverfassungsgericht. 1975 wurde Paragraf 218 abermals verändert; von nun an war ein Schwangerschaftsabbruch bis zur zwölften Woche zumindest dann straffrei, wenn ein Arzt eine gesundheitliche Indikation oder eine soziale Notlage feststellte.

LIBERALERES RECHT IN DER DDR

Eine deutlich liberalere Regelung zur Abtreibung galt derweil in der DDR. Bis zur zwölften Woche hatte dort jede Frau das Recht, ihre Schwangerschaft durch einen ärztlichen Eingriff zu beenden. Und eine Schwangerschaft konnte sogar noch später beendet werden, sofern eine medizinische Indikation dafür vorlag. Nach der Wiedervereinigung Deutschlands war der Bundestag deshalb gezwungen, sich wieder mit dem Thema Abtreibung zu beschäftigen. Schon allein, um eine gemeinsame Regelung für das vereinte Deutschland zu finden.

»Als neue Bundesbürgerin möchte ich heute sagen, daß die Diskussion über § 218 für mich zu Beginn ungewohnt war«, sagte Angela Merkel 1992. Die ehemalige Wissenschaftlerin aus der DDR war zu diesem Zeitpunkt Bundesministerin für Frauen und Jugend. »Ich habe den Zusammenhang damit vermißt, daß unabhängig von einer unbefriedigenden gesetzlichen Regelung in der ehemaligen DDR auch dort Frauen und Ärzte individuell verantwortliche

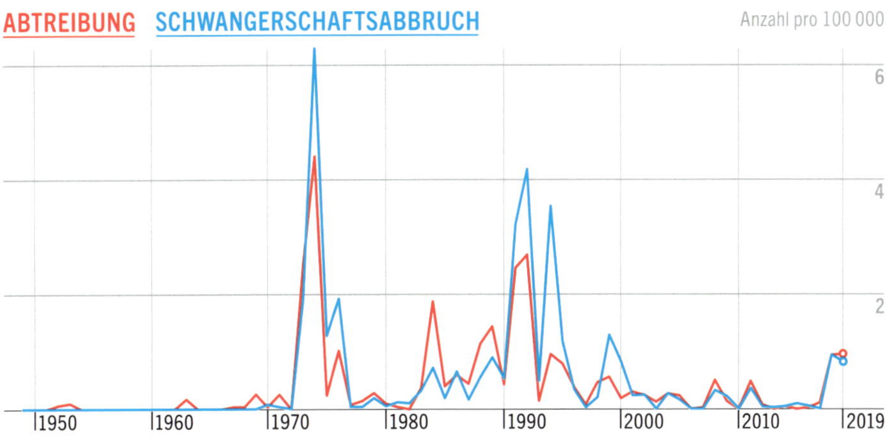

Entscheidungen getroffen haben.« Dennoch sprach sich Angela Merkel dafür aus, Abtreibungen weiterhin nur dann zu erlauben, wenn eine Frau durch die Schwangerschaft in eine »maßgeblichen Konfliktsituation« gerate.

Die neue Regelung für Paragraf 218, die 1993 in Kraft trat, war ein Kompromiss. Bis zur zwölften Woche war ein Schwangerschaftsabbruch von nun an nicht mehr rechtswidrig, wenn es dafür einen medizinischen oder kriminologischen Grund gab. Ohne eine solche Begründung blieb eine Abtreibung zwar formal rechtswidrig, wurde aber fortan nicht mehr bestraft, sofern sich die Frau zuvor von einem Arzt beraten ließ.

WERBEVERBOT ODER INFORMATIONSVERBOT?

Dass die verschiedenen Positionen in dieser Debatte bis heute verhärtet sind, zeigte sich, als 2018 die Ärztin Kristina Hänel angeklagt wurde. Sie hatte auf ihrer Website erklärt, dass sie in ihrer Praxis Schwangerschaftsabbrüche durchführte. Damit verstieß sie, zumindest nach der Auffassung einiger, gegen das Werbeverbot für Abtreibungen in Paragraph 219a. Und wieder zeigte sich in der Sprache die Uneinigkeit der Abgeordneten. Die einen sprachen davon, dass Hänel für Schwangerschaftsabbruch *warb*, die anderen, dass sie lediglich darüber *informierte*. ELENA ERDMANN ■

DER LANGE WEG ZUR GLEICHBEHANDLUNG

Lange ging es in den Bundestagsdebatten nur um die Strafbarkeit von Homosexualität. Erst 1994 wurde der berüchtigte Paragraf 175 abgeschafft.

Artikel 3 des Grundgesetzes garantiert die Gleichheit aller Menschen unabhängig von Geschlecht und Abstammung, von Rasse, Sprache, Heimat, religiöser Anschauung und Behinderung. Jeder muss vor Diskriminierung geschützt werden. Klar, oder? Doch die Aufzählung umfasst nicht die sexuelle Orientierung. Und auch wenn diskriminierende Gesetze heute abgeschafft sind, werden Schwule und Lesben, aber auch Bi-, Trans-, Intersexuelle und Transgender noch immer in manchen Bereichen nicht gleichbehandelt. Anhand des Begriffs »Homosexualität« lässt sich nachvollziehen, wie sich die Auffassung von Gleichheit im Bundestag in Bezug auf andere sexuelle Orientierungen nur sehr langsam durchgesetzt hat.

STRAFBARKEIT BESTIMMT DIE DEBATTEN

Vor allem Schwule waren im Dritten Reich vehement verfolgt worden. Der entsprechende Paragraf 175 des Strafgesetzbuchs bestand auch in der Bundesrepublik fort und wurde 1957 sogar vom Bundesverfassungsgericht als rechtmäßig bestätigt: »Gleichgeschlechtliche Betätigung verstößt eindeutig gegen das Sittengesetz.« Der Paragraf sei »nicht in dem Maße nationalsozialistisch geprägtes Recht«, urteilte das höchste Gericht, dass ihm »in einem freiheitlich demokratischen Staat die Geltung versagt werden müsse«. Bis zur Aufhebung des Paragrafen im Jahr 1994 wurden 100 000 Ermittlungsverfahren eingeleitet und mehr als 50 000 Männer verurteilt. Doch im Bundestag ist von all dem in den ersten Jahren kein einziges Mal die Rede. Eine Debatte zur Homosexualität gab es nicht – weil es keine abweichenden Meinungen gab.

Erstmals 1963, während der Vorarbeiten zur Großen Strafrechtsreform von 1969, ging es darum, ob und wie man die Strafbarkeit von Homosexualität lockern könne. Der damalige Bundesjustizminister Ewald Bucher (FDP) schlug vor, dass »freiwillige Handlungen zwischen erwachsenen Männern nur noch dann strafbar sein sollen, wenn es sich um erschwerte Formen gleichgeschlechtlichen Verkehrs handelt«. Doch der Redner ließ sogleich hören, wo diese Milde ihre Grenze finden sollte: »Die Strafbarkeit noch weiter einzuschränken glaubt die Bundesregierung (...) nicht verantworten zu können.«

Drei Jahre später ging es noch einmal um die Strafbarkeit. Die FDP-Abgeordnete Emmy Diemer-Nicolaus, eine versierte Juristin, bezeichnete die Kriminalisierung 1966 immerhin als »umstritten« und mahnte, dass »in die persönlichste Lebenssphäre nicht mehr als unbedingt notwendig eingegriffen werden darf«.

Aber erst unmittelbar vor Abschluss der Strafrechtsreform 1969 entwickelten sich Debatten: über mögliche Probleme in der psychosexuellen Entwicklung, über eine Altersgrenze, bis zu der

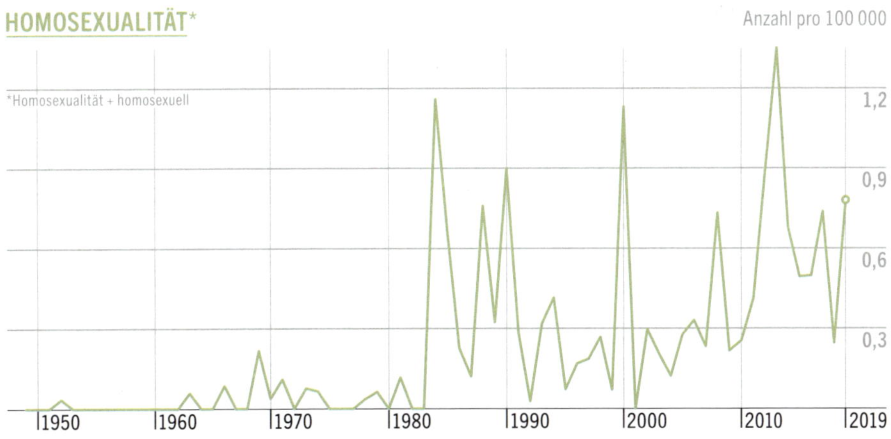

homosexuelle Handlungen untersagt bleiben sollten, und *über die Strafverfolgung*. So wurde männliche, homosexuelle Prostitution länger strafrechtlich geahndet als weibliche, heterosexuelle – mit dem Argument der öffentlichen Sicherheit. Der Arzt und CDU-Abgeordnete Gerhard Jungmann drückte es 1969 so aus: »Es ist nicht nur wegen der erfahrungsgemäß hohen allgemeinen Kriminalität der sogenannten Strichjungen nach allgemeiner, auch internationaler kriminologischer Erfahrung ein Gebot der öffentlichen Sicherheit, daß die homosexuelle Prostitution auch mit den Mitteln des Strafrechts unter Kontrolle gehalten wird.«

Vor allem aber stritten die Abgeordneten um die Frage, bis zu welchem »Schutzalter« junge Männer keine homosexuellen Handlungen vornehmen (lassen) dürften. Für heterosexuellen Sex galt in der BRD schon damals die Grenze von 14 Jahren. Für Homosexualität wurde sie deutlich höher angesetzt: bei 21 Jahren, was 1969 auch gesetzlich festgeschrieben wurde. Vier Jahre später senkte man das Schutzalter immerhin auf 18 Jahre. Aber erst seit 1994 wurde in Westdeutschland in dieser Hinsicht nicht mehr zwischen homo- und heterosexuellem Sex unterschieden.

Mit der Strafrechtsreform wurde schließlich beschlossen, dass »kein kriminalpolitisches Bedürfnis mehr bestehe ... einfache Unzucht unter Männern« zu verfolgen. Der SPD-Abgeordnete Adolf Müller-Emmert, der die Reform für seine Abgeordnetenkollegen und -kolleginnen zusammenfasste, sagte über Homosexualität: »Der bisherige § 175 a des Strafgesetzbuchs, der die schwere Unzucht zwischen Männern unter Strafe stellt, wird durch eine neue Vorschrift ersetzt, die nur noch qualifizierte Formen der männlichen Homosexualität mit Strafe bedroht. Gleichgeschlechtliche Unzucht ist danach nur noch strafbar, dies aber auch unbedingt und mit Recht, wenn sie mit Minderjährigen, mit Abhängigen, gewerbsmäßig oder mit Gewalt oder durch Drohung mit Gewalt erfolgt.«

VON DER »SITTENWIDRIGKEIT« ZUR GLEICHBEHANDLUNG

Bis in die 1970er-Jahre hinein schwang in den Diskussionen um Homosexualität stets mit, dass es sich dabei um eine Störung der »normalen« Sexualität handle. Deswegen wurde auch die Nötigung durch einen Homosexuellen als eigener Straftatbestand betrachtet, statt sie – wie heute – unter die grundsätzlichen Strafrechtsbestimmungen für jede Form sexueller Nötigung fallen zu lassen.

Und in allen Debatten wurde die »Sittenwidrigkeit« nie infrage gestellt. Sie sollte erst 2001 endgültig aus dem Gesetz gestrichen werden.

Viele Jahre war Homosexualität kaum Thema im Bundestag. Doch 1984 wurde der parlamentarische Staatssekretär beim Verteidigungsministerium Peter Würzbach (CDU) befragt, ob homosexuelle Soldaten in der Bundeswehr benachteiligt würden. Die Antwort Würzbachs veranschaulicht, in welchem Maße Homosexuelle noch Mitte der 1980er-Jahre diskriminiert wurden. So gab er zwar an, schwule Soldaten würden nur dann vom Wehrdienst ausgeschlossen, wenn sie »aus wehrmedizinischer Sicht« nicht wehrdienstfähig seien. Doch wenn ein Vorgesetzter homosexuell sei, so Würzbach, dann mindere »eine derartige Betätigung von Vorgesetzten besonders innerhalb militärischer Anlagen oder gegenüber Untergebenen — und zuweilen in ganz erheblicher Weise — seine dienstliche Autorität«. Ja, der Staatssekretär sah durch schwule Vorgesetzte gar die militärische Ordnung »in ernstlicher Form« gefährdet und fürchtete, dass sie dem »Ansehen der Streitkräfte« schadeten.

Allein die Tatsache, dass ein Staatssekretär zu dem Thema kritisch befragt wurde, belegt jedoch einen ganz allmählichen Wandel in der Wahrnehmung von Homosexualität.

Am 11. Juni 1994 wurde endlich der berüchtigte Paragraf 175 abgeschafft. Dennoch debattierten die Abgeordneten sechs Jahre später erneut über die Behandlung von Homosexuellen in der Bundeswehr. Im Jahr 2000 - dem Jahr, in dem im Parlament am häufigsten über Homosexualität gesprochen wurde - sagte der CDU-Abgeordnete Werner Siemann zwar: »Bei Grundwehrdienstleistenden ist die Frage der sexuellen Orientierung (...) nicht von Relevanz.« Doch auch er sah im homosexuellen Vorgesetzten eine Bedrohung. Er könne, so Siemann, nicht dort eingesetzt werden, wo er »unmittelbar mit der Aufgabe der Führung, Erziehung und Ausbildung von unterstellten Soldaten beauftragt« sei. Der CDU-Politiker führte weiter aus, Homosexualität als solche sei kein Eignungsmangel. Dieser werde »vielmehr aus der Akzeptanzproblematik abgeleitet und veranlasst wiederum die Bundeswehr zum Handeln.«

Das bedeutete: Weil Teile der Gesellschaft Schwule noch immer ablehnten, müsse die Bundeswehr das ebenfalls tun. Die Anfechtbarkeit dieser Aussage erkannte der Redner selbst, denn er ergänzte: »Obwohl - daraus mache ich heute keinen Hehl - zumindest vorsichtige Zweifel an der Verfassungsgemäßheit der jetzt geübten Praxis angezeigt sind.«

HOMOSEXUALITÄT ALS ASYLGRUND

Ein vorläufig letztes Mal wurde 2013 im Bundestag überdurchschnittlich intensiv über Homosexualität debattiert. Diesmal ging es um Homosexualität als Asylgrund. Linke und Grüne forderten, Menschen, die in ihrem Herkunftsland aufgrund ihrer sexuellen Identität verfolgt werden, umfassender vor Abschiebung zu schützen. Die Abgeordneten der schwarz-gelben Regierungsparteien lehnten dies ab.

Die Redebeiträge dieser Debatte belegen aber, wie einig sich die meisten Abgeordneten inzwischen darin waren, dass Menschen jeder sexuellen Orientierung rechtlich vor Verfolgung und Diskriminierung geschützt werden müssen.

Doch noch heute vermissen Menschen in Deutschland den ein oder anderen - auch rechtlichen - Schritt zur vollständigen Gleichbehandlung homosexueller Männer und Frauen sowie eine Ergänzung des Grundgesetzes. Immerhin war am 1. Oktober 2017 ein weiterer Schritt geschafft: Seit jenem Tag dürfen gleichgeschlechtliche Paare heiraten. **WENKE HUSMANN** ■

KINDERRECHTE SIND MENSCHENRECHTE

Gerade mal gut 30 Jahre alt sind die Kinderrechte. 1989 verabschiedete die UN ihre Kinderrechtskonvention. Interessierten sich die Abgeordneten wirklich erst seit damals für dieses wichtige Thema?

Immer schon wurden Kinder geschlagen, zu Kriegsdienst und Prostitution gezwungen, seelischer Grausamkeit ausgesetzt. Sie leiden besonders stark unter Hunger, wirtschaftlicher Not und häuslicher Gewalt. Doch erst am 16. Juni 1989 wurden »Kinderrechte« explizit im Parlament erwähnt. Damals debattierten die Abgeordneten über den Beschluss des Bundeskabinetts vom 5. April des Jahres, für ausländische Kinder unter 16 Jahren einen Visumzwang einzuführen. Damit sollte nach Meinung der Regierung »die zunehmende international organisierte kriminelle Einschleusung von Kindern und Jugendlichen in die Bundesrepublik insbesondere zu Adoptions- und Prostitutionszwecken« verhindert oder zumindest eingedämmt werden. Eine Abgeordnete der Grünen kritisierte den Gesetzentwurf und stellte ebenso schlicht wie wahr fest: »Menschenrechte sind auch Kinderrechte.« Sie prangerte an, dass Deutschland sich damit gegen das Leiden abschotte: »In unmenschlicher Berechnung nimmt das Kabinett vielen Eltern die Möglichkeit zu dem letzten verzweifelten Schritt, ihre Kinder vor Verfolgung, Folter, Kriegsdienst und Tod zu retten.«

Anlass für das geplante Gesetz sowie die Debatte war in jenem Jahr der Bürgerkrieg in Sri Lanka. Aus dem Land stammten viele der 1318 minderjährigen Flüchtlinge, die zu dieser Zeit nach Deutschland kamen. Auch ging es um die sogenannten *Boat People*, die zehn Jahre zuvor aus Vietnam auch nach Deutschland geflüchtet waren. Flüchtende waren immer wieder Thema im Parlament. Nun aber wurden die Minderjährigen unter ihnen zum ersten Mal als besonders schützenswerte Gruppe verstanden.

Dieses Bewusstsein war ein Verdienst der Vereinten Nationen. Sie arbeiteten damals an einer Kinderrechtskonvention, die den Schutzstandard für Kinder in internationalen Verträgen anheben sollte. Sie wurde am 20. November 1989 von der Generalversammlung verabschiedet. Die zitierte Feststellung der Grünen-Abgeordneten entstammt dem Text dieser UN-Konvention.

Alle Länder dieser Erde (bis auf die USA) ratifizierten die Übereinkunft, auch die Bundesrepublik – allerdings mit einem Vorbehalt: Hierzulande konnte Abschiebehaft auch gegen Kinder und Jugendliche angeordnet werden. Das Ausländerrecht hatte in Deutschland also Vorrang gegenüber der Kinderrechtskonvention. Dieser Vorbehalt gab immer wieder Anlass zu Debatten im Bundestag, bis er 2010 schließlich zurückgenommen wurde.

KINDERRECHTE INS GRUNDGESETZ?

Aber hat sich der Bundestag tatsächlich erst ab 1989 mit Kinderrechten befasst? Nein, man täte den Parlamentarierinnen und Parlamentariern Unrecht, wenn man ihnen unterstellte, sich vor 1989 nicht für den Schutz von Kindern interessiert zu haben. Bereits 1959 – auf den Tag genau 30 Jahre vor der Annahme der Kinderrechtskonvention – hatten die Vereinten Nationen schon die Resolution 1386 zum Schutz des Kindes verabschiedet. Damals und bis 1989 wurde in diesem Zusammenhang von den »Rechten des Kindes« gesprochen. Erst mit der UN-Konvention und ihrer Idee, dass Kinderrechte Menschenrechte seien, wurde auch die entsprechende Wortfügung gebräuchlich.

Zweimal seit 2010, nämlich in den Jahren 2012 und 2019, befassten sich die Abgeordneten ebenfalls besonders intensiv mit Kinderrechten. Denn einer UN-Konvention zuzustimmen – selbst vorbehaltlos – bedeutet nicht automatisch, dass sie auch in nationales Recht umgesetzt wird. 2012 ging es daher im Bundestag darum, diese Rechte auch explizit im Grundgesetz zu verankern und sie nicht nur über die allgemeinen Menschenrechte als abgedeckt zu betrachten. Eine SPD-Abgeordnete forderte damals in einer Debatte: »Die Menschenrechte sind bei uns (im Grundgesetz) niedergelegt (...). Als das geschaffen wurde, hat man Kinder noch relativ stark als Objekte gesehen und nicht als eigenständige Subjekte, die Rechte haben. Nun kämpfen wir dafür, dass die Menschenrechte, die Grundrechte so formuliert werden, dass sie auch für Kinder gelten.«

Bislang ist das nicht geschehen. Doch der Koalitionsvertrag der aktuellen Regierung sieht eine solche Grundgesetzänderung nun endlich vor. **WENKE HUSMANN** ■

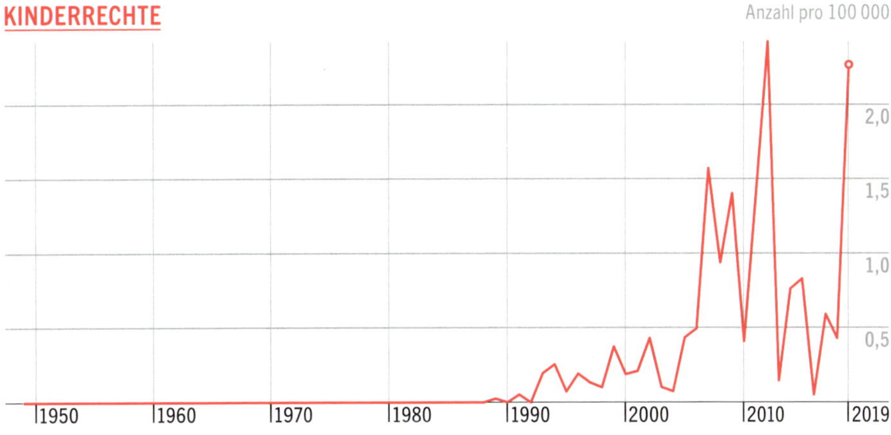

WIE ZU HAUSE ARBEITEN COOL WURDE

Homeoffice war früher das Los einfacher Arbeiter und Arbeiterinnen, heute ist es ein Privileg Hochqualifizierter. Seit 70 Jahren diskutiert der Bundestag, ob es Beschäftigte entlastet.

Zu Hause arbeiten zu können, gilt heute als das Privileg hochausgebildeter Beschäftigter. Man denkt etwa an eine Programmiererin oder einen Texter, die ein paar Tage in der Woche ihren Laptop zu Hause aufklappen, um sich das Pendeln ins Büro zu sparen. Von außen sieht das entspannt aus, doch ist es das wirklich? Klar ist: Homeoffice ist in der Gesellschaft angekommen. Laut einer aktuellen Studie der Krankenkasse AOK (»Arbeiten im Homeoffice: Höhere Arbeitszufriedenheit, aber stärkere psychische Belastungen«, 2019), bei der mehr als 2000 Beschäftigte zwischen 16 und 65 Jahren befragt wurden, arbeiten heute schon rund 40 Prozent von ihnen regelmäßig außerhalb ihres Unternehmens, unabhängig von Ort und Zeit – viele von ihnen von zu Hause aus.

Mehr als zwei Drittel sagten aus, dass sie dort mehr Arbeit als im Büro erledigen. Ein Großteil der Befragten kann sich in der eigenen Wohnung gut konzentrieren. Doch gleichzeitig scheinen sich viele Beschäftigte dort ausgelaugt zu fühlen. Rund 73 Prozent von ihnen gaben das, dass sie in den vergangenen vier Wochen erschöpft waren. Bei den Büroarbeitern waren es nur 66 Prozent. Auch klagten deutlich mehr Heimarbeiter über Wut, Verärgerung, Nervosität, Konzentrationsprobleme und Schlafstörungen als Beschäftigte im Büro.

Negative Folgen der Heimarbeit befürchteten bereits Bundestagsabgeordnete 1949 und Anfang der 50er-Jahre, als sie über diese Form der Beschäftigung diskutierten. Damals wollten sie vor allem einfache Arbeiter vor Ausbeutung schützen. Heimarbeiter arbeiteten damals meist mangels Alternativen zu Hause. Es waren zum Beispiel Kriegsinvaliden, die Spielzeug zusammenschraubten. Oder Kriegswitwen, die im Wohnzimmer webten und nähten – und so nebenher auf die Kinder aufpassen konnten. Sie arbeiteten im Auftrag von Firmen und wurden meistens nicht nach Arbeitszeit, sondern pro Stück bezahlt. 1951 verabschiedete der Bundestag das Heimarbeitsgesetz, das unter anderem die Pflichten des Arbeitgebers zum Unfall- und Gesundheitsschutz regelte.

In den folgenden 20 Jahren änderte sich die Heimarbeit grundlegend: Immer weniger Menschen arbeiteten zu Hause an Näh-, dafür mehr an Schreibmaschinen. Heimarbeiter und -arbeiterinnen leisteten zunehmend qualifizierte Tätigkeiten. Anfang der 70er-Jahre diskutierte der Bundestag darüber, die Gesetzgebung anzupassen, und verabschiedete 1974 das Heimarbeitsänderungsgesetz. Nun bekamen zum Beispiel auch Autorinnen, Künstler und Schauspielerinnen, die nicht angestellt, aber dennoch von ihrem Arbeitgeber wirtschaftlich abhängig waren, das Recht, Tarifverträge abzuschließen.

KEINE ENTLASTUNG FÜR FRAUEN

In den 1980er- und 90er-Jahren veränderten Computer die Arbeitswelt. Das Wort »Telearbeit« zog in die Bundestagsdebatten ein. Einerseits war die Hoffnung groß, dass »Bildschirmarbeitsplätze« zu Hause die Vereinbarkeit von Familie und Beruf fördern würden. Andererseits fürchteten viele, dass Telearbeit sozialversicherte Arbeitsplätze bedrohen sowie zur Ausbeutung führen könne – und vor allem Frauen unter der Flexibilisierung leiden würden. In einer Bundestagsrede im Jahr 1984 wetterte zum Beispiel die Grünen-Abgeordnete Marieluise Beck gegen die Vorstellung, dass Telearbeit Mütter entlaste: »Sie sollen von beidem etwas haben: den Haushalt umsonst, für Gotteslohn, daneben kapazitätsorientierte Lohnarbeit nach Bedarf … Ihre angepasste Ideologie lautet: Frauen, besinnt euch, wie schön ist ein Heimcomputer! Da könnt ihr so praktisch alle Pflichten zugleich erledigen: sowohl die Pflichten gegenüber der Familie als auch die Erwerbsarbeit.«

Der große Boom der Telearbeit blieb jedoch aus, ab 2010 wurde der Begriff auch langsam von Homeoffice abgelöst. Die Bundestagsdebatten drehten sich weniger um die Gefahren als darum, wie die Nutzung von Homeoffice für mehr Beschäftigte möglich gemacht werden könne. Die Grünen und die SPD fordern inzwischen sogar ein gesetzliches Recht auf Homeoffice. »Früher kämpften Gewerkschaften gegen die Telearbeit«, sagt Karl Brenke vom Deutschen Institut für Wirtschaftsforschung, der zu Heimarbeit forscht. »Inzwischen ist Homeoffice ein Thema von Beschäftigten, die das unbedingt wollen – und es sich leisten können: Juristen, Ingenieure, Manager.«

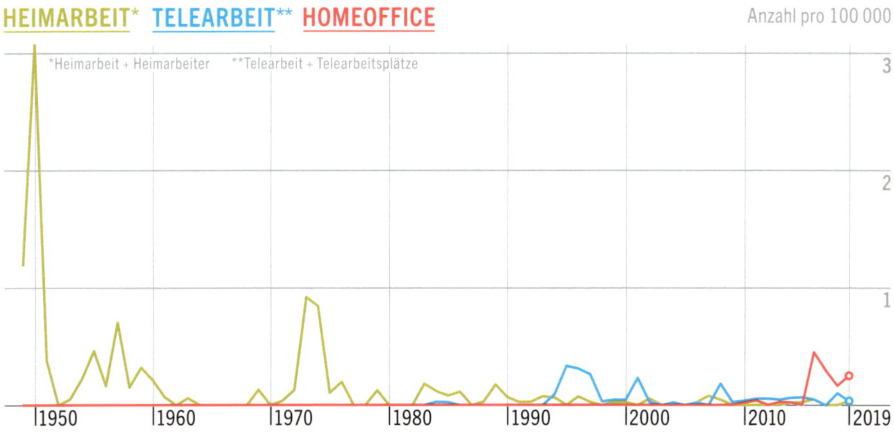

Dass Heimarbeit Familien entlastet, hält der Forscher allerdings für falsch. »Für Kriegswitwen in den 40er-Jahren war es vielleicht die einzige Möglichkeit, Geld zu verdienen«, sagt er. Zu denken, dass die Doppelbelastung aus Kindern und Arbeit weniger werde, nur weil man nicht ins Büro müsse, sei aber fahrlässig: »Das Arbeitspensum bleibt dasselbe, allerdings kann man selbst entscheiden, wann man arbeitet, und man spart sich die Fahrt zum Betrieb.«

In Zeiten von Corona wird besonders deutlich, dass Homeoffice Privileg und Fluch zugleich ist. Viele Wissensarbeiter erledigen während der Pandemie ihre Arbeit von zu Hause aus, um sich selbst und andere vor Ansteckungen zu schützen. Wer Pakete austrägt, an der Supermarktkasse sitzt und Kranke pflegt, muss sich dagegen weiterhin Risiken aussetzen. Und gleichzeitig vermissen wohl selbst die hartgesottensten Homeoffice-Fans nach Wochen im Heimbüro – in dem sie oft eben auch ihre Kinder betreuen müssen – die laut tippenden Kolleginnen und das fade Kantinenessen. **WLADA KOLOSOWA** ■

VOM AUSSTERBEN DES ZUPACKERS

Der Arbeiter – erst stark nachgefragt, später in den Bundestagsdebatten nahezu ausgestorben. Aus dem Zupacker von einst wurde ein Empfänger und Nehmer – von Arbeit.

Ein Mittwoch im Juni 1953: In der DDR schlägt die Rote Armee der Sowjetunion den Aufstand der Arbeiter gegen Normerhöhungen, Repression und für freie Wahlen nieder. Zehntausende sind auf den Straßen, Gewehrsalven peitschen über den Potsdamer Platz in Berlin, 50 Menschen sterben. Einen Monat später erklärt der Bundestag – gegen die Stimmen der Kommunisten – den 17. Juni zum Tag der Deutschen Einheit. Um die Arbeiter zu würdigen, und weil »deutsche Brüder, im Osten und in Berlin, für die Verteidigung und die Erkämpfung der deutschen Einheit ihr Leben hingegeben haben«, wie Parlamentspräsident Hermann Ehlers von der CDU nach der Abstimmung verlautbaren ließ.

Im Bundestag war in den ersten beiden Nachkriegsjahrzehnten oft die Rede von den Arbeitern. Damals lag die Wirtschaft am Boden. Der Aufbauwille war gewaltig, es fehlte aber an zupackenden Menschen, um das Wirtschaftswunder zu vollbringen. Viele vor allem junge Männer waren im Krieg geblieben, es gab acht Millionen mehr Frauen als Männer. Bayern brauchte dringend Landarbeiter, Bergarbeiter fehlten in NRW, Metaller in Baden-Württemberg. Die Arbeitslosigkeit war niedrig.

Der Boom hatte den Durchschnittsstundenlohn eines Industriearbeiters zwischen 1948 und 1953 von 89 Pfennig auf 1,59 D-Mark steigen lassen. »Unser ganzer Stolz«, sagte Familienminister Franz-Josef Wuermeling von der CDU über diese Reallohnsteigerung.

ARBEITNEHMER- UND -GEBER-ORGANISATIONEN BILDEN SICH

Wo viel verdient wird, wachsen auch die Ansprüche – das zeigte sich etwa in den Debatten Ende der 1950er- bis in die 1960er-Jahre. Wer sich durch die Sitzungsprotokolle gräbt, trifft auf Themen wie den Kündigungsschutz, Versicherungspflichtgrenzen, den Schutz vor Arbeitslosigkeit oder auf Wortungetüme wie das Arbeiterrentenversicherungs-Neuregelungsgesetz. Wie in der Gegenwart ging es auch schon damals um die Frage, wie viel Geld der Bund an die Kasse der Bundesanstalt für Arbeitsvermittlung und Arbeitslosenversicherung überweisen sollte, damit die Beitragszahler nicht übermäßig belastet würden.

In dieser Zeit entstanden Institutionen wie die christlichen Arbeitervereine, Gewerkschaften, die Arbeitgebervereinigungen, die Arbeits- und Sozialgerichte. Die Abgeordneten stritten, ob der Deutsche Gewerkschaftsbund als Monopol zu betrachten sei und ob man ihm besser die Arbeitervereine entgegenstellen sollte. »Wo eine Organisation zum Monopol und zum Streben nach totalitärer Macht ausartet, da ist die Demokratie immer gefährdet«, warnte die Abgeordnete und Frauengewerkschaftsfunktionärin Margot Kalinke von der Rechtsaußen-Partei DP. Doch die kommunistische Fraktion wollte nicht hinnehmen, dass ausgerechnet Kalinke vor totalitärer Herrschaft warnte, und erinnerte sie an ihre Nazi-Karriere: Gern wolle er mal ihr früheres Parteibuch sehen, entgegnete ihr der KPD-Abgeordnete Heinz Renner, das »aus der Zeit der NSDAP!«.

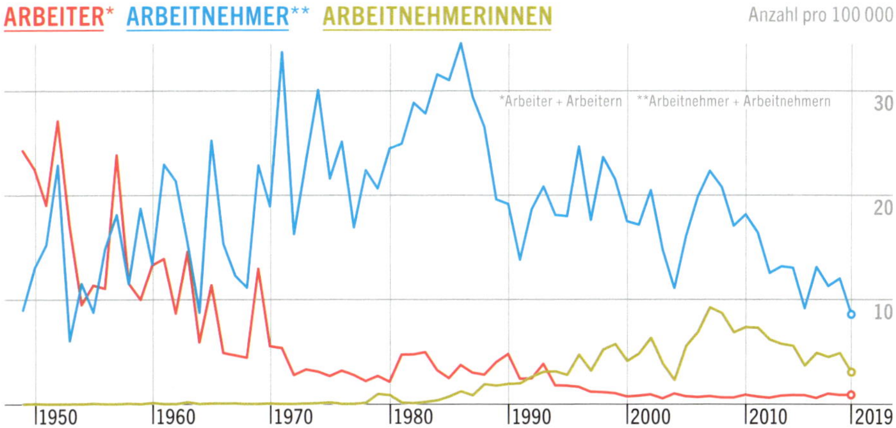

DER ANPACKER STIRBT AUS

Als sich 1957 die Europäische Wirtschaftsgemeinschaft gründete – eine Vorläuferin der Europäischen Union (siehe auch Seite 108 ff.) – bestimmten die Wanderarbeiter genannten Kräfte aus dem Ausland die Debatten. Ihnen sollte der Wechsel ins deutsche Sozialsystem erleichtert werden, europaweite Freizügigkeit ohne Einbußen bei Rente und Sozialversicherung war das Ziel der Politik. Die CSU machte sich 1969 für das Wohlergehen der Berufspendler stark: Der Abgeordnete Karl-Heinz Lemmrich regte an, die von Arbeitern genutzten Reisezüge der Bahn mit Getränkeautomaten auszustatten. Technisch nicht umsetzbar, beschied Verkehrsstaatssekretär Holger Börner. Die notwendige Energieversorgung der Reisezugwagen sei gegenwärtig nicht gegeben.

Nach 1970 verschwand der Arbeiter nahezu schlagartig aus den Debatten. Der mit Leistung, Schaffenskraft, Industrie und Handwerk verbundene Anpacker kam nur noch im Wort »Kurzarbeitergeld« vor. Er wich einem neuen Vokabular, ausgerichtet am Geben und Nehmen von Arbeit: So beklagte der baden-württembergische SPD-Abgeordnete Dieter Spöri 1986, »die Arbeitnehmer sind heute abgabenpolitisch die Melkkühe der Nation«.

Die Themen aber blieben dieselben: die Steuerkurve, die Abgabenlast, soziale Sicherung und Altersvorsorge. So rechnete der bayerische Grüne Axel Vogel im Dezember 1986 vor, dass bei einem Durchschnittsverdiener – »beim Arbeitnehmer in diesem Jahr 37.154 D-Mark brutto« – nur die Hälfte des Weihnachtsgeldes übrig bleibe.

Nach der Wiedervereinigung würdigte der Bundestag dann zunehmend auch die Arbeitnehmerinnen sprachlich. Beginnend bei den Grünen, setzte sich am Rednerpult mehr und mehr die geschlechtergerechte Sprache durch. Nur Arbeiterinnen gab es kaum, sie hatten im Parlament über all die Jahrzehnte keine Rolle gespielt. TILMAN STEFFEN ■

DAS L-WORT

Man könnte denken, den Begriff »Lebensleistungen« gebe es erst seit der Wiedervereinigung. Jedenfalls wird er seitdem im Bundestag weit häufiger benutzt. Warum?

Es gibt so Wörter, die kann man sich ohne ein bestimmtes Partnerwort gar nicht mehr vorstellen. Die »Lebensleistungen der Ostdeutschen« zum Beispiel, die in keiner Gedenkrede fehlen dürfen.

»Lebensleistungen« ist das unangefochtene Signalwort Ost. Recherchiert man in den Protokollen der Bundestagsreden, findet man es fast nur nach der friedlichen Revolution. Ganze dreimal fiel das Wort im Bundestag zwischen 1949 und 1989. Erst danach begann seine Karriere: 65-mal wurde in den vergangenen 30 Jahren auf »Lebensleistungen« aufmerksam gemacht, manchmal auf die der früheren Gastarbeiter oder allgemein der Rentner, oft auf die der Ostdeutschen (siehe auch Seite 48 ff.).

In der DDR besaß ungefähr jeder einen »MuFuTi«, den höhen- und längenverstellbaren Multifunktionstisch. Die »Lebensleistungen der Ostdeutschen« sind der MuFuTi der Ostdebatten. Jeder kann diese Phrase jederzeit nutzen, um gefahrlos etwas mitfühlende Ostkompetenz zu zeigen. Wer »Lebensleistungen« sagt, der stellt sich gegen das Ostbashing, ohne sich des Westbashings verdächtig zu machen. Der zeigt Verständnis für die Probleme des Ostens, ohne mehr Geld für den Osten zu fordern. Die »Lebensleistungen der Ostdeutschen« zu würdigen, das ist ein wenig so, wie »klare Kante gegen rechts« zu zeigen. Eine Allwetterformulierung ohne Fettnäpfchengefahr und ohne Folgen.

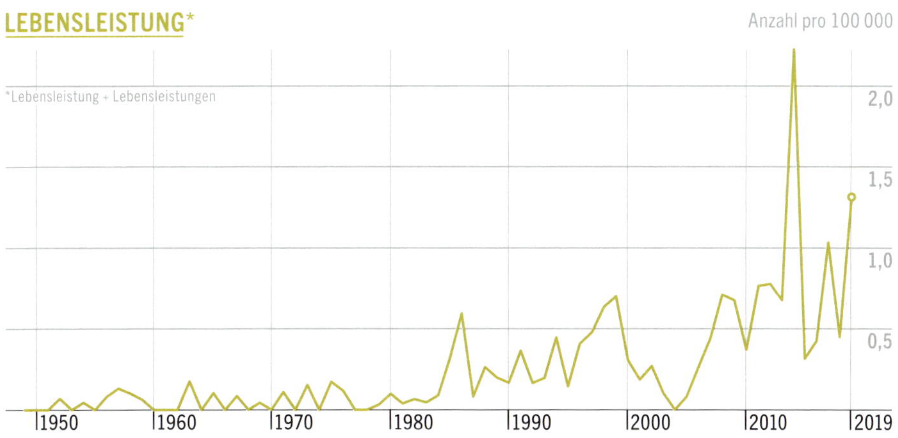

DIE HANDSCHELLEN DER EIGENEN LOGIK

Empathie für Ostdeutsche kann man natürlich auch mit Wörtern wie »Treuhand«, »Abwanderung«, »Deindustrialisierung«, »Rassismus« oder »Neonazis« zeigen. Nur haben diese Wörter eine präzise politische Bedeutung. Wer sie im Zusammenhang mit Ostdeutschland benutzt, der stellt sich konkret auf eine Seite. Das ist vielen vielleicht eine Spur zu riskant. Wie schnell steckt man in den Handschellen der eigenen Logik und muss sich plötzlich für gleiche Löhne in Ost und West aussprechen.

Wissen Sie eigentlich, wer »Lebensleistungen« nach 1989 als einer der Ersten benutzte? Es war der Mann, der uns auch das Wort »Wende« für die friedliche Revolution 1989 schenkte: Egon Krenz, der ostdeutsche Altmeister der leeren Worte. Er sagte das L-Wort 1993, bei einem Auftritt vor dem PDS-Verband Berlin-Kreuzberg, als er kritisierte, die DDR-Führung werde als »schießwütige Riege« diffamiert. Er meinte in diesem Moment die »Lebensleistungen« der SED-Kader.

Leistungen hat in seinem Leben jeder vollbracht, und wenn es nur das stundenlange Stehen auf Ehrentribünen im Oktober war. Aber selbst wenn nicht: Ist die Vorstellung nicht ziemlich brutal, Ostdeutsche oder frühere Gastarbeiter müssten Leistungen erbracht haben, um Respekt zu verdienen? Wer Respekt für Lebensleistungen fordert, dem ist es vielleicht einfach zu groß, mehr Respekt für Ostdeutsche einzufordern, auch ohne »Lebensleistungen«. Warum? Ist es falsch? Könnte es Westdeutsche aufbringen? Oder ist die Frage zu knifflig, ob die Ostdeutschen tatsächlich mehr Respekt verdient hätten?

Jedenfalls – Vorschlag – könnte man die »Lebensleistungen der Ostdeutschen« langsam mal zum Fall fürs Phrasenschwein machen. Niemand braucht diese Phrase. Sie verbirgt nur Realitäten. Stellen wir uns ihnen lieber. **CHRISTIAN BANGEL** ■

EINE EIGENSCHAFT VON VIELEN

Wie die Abgeordneten im Bundestag über behinderte Menschen sprechen, hat sich im Laufe der Jahrzehnte verändert. Eine Schlüsselrolle spielte dabei die UN-Behindertenrechtskonvention.

Für viele behinderte Menschen ist der Weg noch immer ein Stück weit vorgezeichnet: Sie gehen auf eine Förderschule, arbeiten danach in einer Behindertenwerkstatt, wo sie statt eines Lohns nur ein Taschengeld verdienen. Sie wohnen nicht selbstständig, sondern in einer Behindertenwohnstätte. »Nur wenn die Eltern sich sehr stark dafür einsetzen, kann es gelingen, dass ein Kind aus diesen Strukturen ausbricht. Das ist immer noch Glückssache«, sagt die Journalistin Judyta Smykowski, die zusammen mit ihren Kollegen und Kolleginnen aus dem Projekt »Leidmedien.de« Redaktionen berät, wie sie sensibel über Behinderung berichten können. Denn Sprache kann ausgrenzen. Und obwohl laut Statistischem Bundesamt fast jeder zehnte Deutsche zu der Gruppe gehört, bleiben behinderte Menschen in Medien und Politik oft unsichtbar. »Wir arbeiten jeden Tag daran, dass wir nicht nur als ›die Behinderten‹ gesehen werden, sondern als Menschen, bei denen die Behinderung nur eine Eigenschaft zwischen vielen ist«, sagt Smykowski.

HILFE NUR FÜR KRIEGSVERLETZTE

Auch im Bundestag änderte sich mehrfach, wie die Abgeordneten über behinderte Menschen sprachen. Wurde

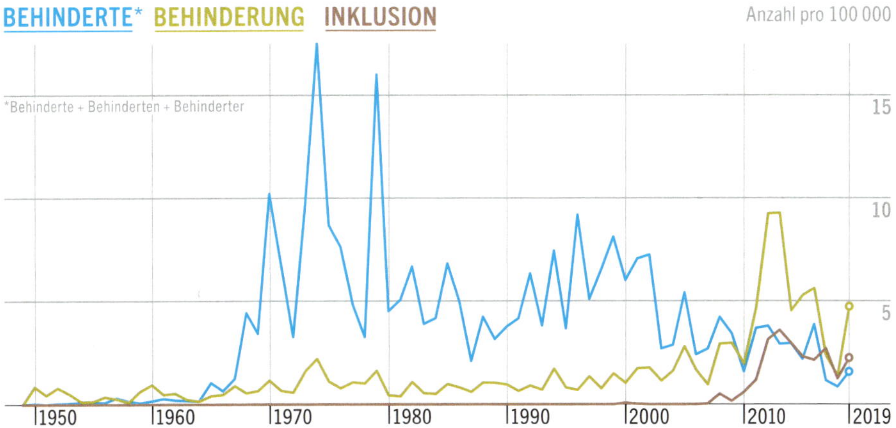

in den frühen Jahren des Bundestags überhaupt über sie gesprochen, dann ging es meistens um Kriegsverletzte, um »Kriegsbeschädigte« oder »Invalide«. Zwar garantierte das damals geltende Schwerbeschädigtengesetz Arbeitsplätze und Hilfe für behinderte Menschen, allerdings nur für diejenigen, die durch den Krieg oder einen Arbeitsunfall behindert wurden. Menschen, die von Geburt an mit einer Behinderung lebten, konnten diese Hilfen nicht einfach in Anspruch nehmen. »Sie waren also – das ist keine Übertreibung – Behinderte zweiter Klasse«, sagte 1973 der SPD-Abgeordnete Eugen Glomig. 1974 wurde das Gesetz reformiert. Es hieß von nun an »Schwerbehindertengesetz« und unterschied nicht mehr nach dem Grund einer Behinderung.

Gesellschaftlich wurden behinderte Menschen weiterhin ausgegrenzt. Anfang der 90er-Jahre verklagte eine Familie mit kleinen Kindern ihren Reiseveranstalter, weil im Speisesaal ihres Hotels auch zehn Rollstuhlfahrer unter den Gästen waren. Das Flensburger Amtsgericht gab ihnen Recht und verpflichtete den Reiseveranstalter zu einem Preisnachlass – weil die Erinnerung »an die Möglichkeiten des menschlichen Leidens« unzumutbar sei. Im Bundestag löste das verheerende Urteil eine Diskussion über die Diskriminierung behinderter Menschen aus.

Die SPD-Abgeordnete Regina Kolbe etwa setzte sich für ein Benachteiligungsverbot ein, das die materiellen Rechte stärken, die Integration fördern und grundsätzlich eine Wertentscheidung zugunsten dieser Gruppe darstellen solle. »Das Flensburger Urteil wäre dann nicht mehr möglich«, sagte sie 1993. Im Folgejahr wurde im Grundgesetz tatsächlich festgelegt: »Niemand darf wegen seiner Behinderung benachteiligt werden.«

MAN WIRD BEHINDERT

2009 trat in Deutschland die UN-Behindertenrechtskonvention in Kraft. Sie veränderte, wie im Bundestag über Behinderung gesprochen wurde, aber nicht nur das: »In der Konvention wird ein völlig neues Verständnis von Behinderung angelegt. Es geht nicht darum, dass sich der Mensch anpassen muss […]; stattdessen werden die Umweltbedingungen und äußeren Umstände von Behinderungen in den Fokus gerückt«, sagte der Grünen-Abgeordnete Markus Kurth. »Ich sitze im Rollstuhl, aber bis ich nicht an einen kaputten Aufzug komme und solange mein Rollstuhl funktioniert, fühle ich mich nicht eingeschränkt«, erläutert Smykowski aus heutiger Sicht. Behindert ist jemand nicht einfach durch eine medizinische Diagnose, behindert wird er oder sie von alltäglichen Barrieren.

Doch die UN-Behindertenrechtskonvention brachte nicht nur ein neues Verständnis von Behinderung. Sie forderte auch die Inklusion von behinderten Menschen: Sie sollten künftig in vollem Umfang an der Gesellschaft teilhaben können.

Aber schon über die Übersetzung der UN-Konvention stritten die Abgeordneten im Bundestag, denn in der deutschen Übersetzung stand nicht »Inklusion«, sondern »Integration«. Der Linken-Abgeordnete Ilja Seifert forderte 2008: »Wir brauchen auch eine Übersetzung, die dem Geist dieser Konvention gerecht wird.« Denn während Integration zwar bedeutet, dass behinderte Menschen im bestehenden System aufgenommen werden, muss bei der Inklusion das System von Anfang an gemeinsam gedacht werden. »Für den Schulunterricht zum Beispiel heißt das: Wir müssen die Schule den Kindern anpassen, und nicht die Kinder der Schule«, erklärt der Aktivist Raul Krauthausen von Leidmedien.

NICHT OHNE UNS ÜBER UNS

Bis der Grundsatz der Inklusion aber tatsächlich in der Gesetzgebung berücksichtigt wurde, war und ist es ein langer Weg. 2011 beschloss die Bundesregierung einen Nationalen Aktionsplan zur Umsetzung der UN-Behindertenrechtskonvention. Dies sollte innerhalb der folgenden zehn Jahre geschehen und landete daher zumindest im Bundestag immer wieder auf der Tagesordnung.

Wie über Behinderung gesprochen wird, dafür sind der Bundestag und die Bevölkerung inzwischen sensibler. Die Abgeordneten sprechen nun häufiger über »Menschen mit Behinderung« oder über »behinderte Menschen« und nur noch selten über »die Behinderten«. Gerade online werden unsensible Aussagen schnell korrigiert. Doch wichtiger als die Wortwahl bleibt die Frage: Kommen dabei auch behinderte Menschen zu Wort?

Dass das immer noch viel zu selten der Fall ist, zeigte sich, als 2016 das Bundesteilhabegesetz vereinbart wurde, das behinderten Menschen im Sinne der UN-Behindertenrechtskonvention mehr Teilhabe ermöglichen sollte. Zwar hätten behinderte Menschen den Gesetzesentwurf vorab begutachtet, berücksichtigt wurde ihre Perspektive jedoch nicht, sagt Krauthausen: »Wir wurden beteiligt, beschäftigt, aber gehört wurden wir nicht.« ELENA ERDMANN ■

MÜSSEN DIE SCHON WIEDER ÜBER POMMES REDEN?

Grünkohl, Schnitzel oder Currywurst: Der Deutsche Bundestag spricht gern über das, was es mittags in der Kantine gibt. Es sei denn, es geht um Verzicht und Veggie-Day.

Spricht jemand über Essen, spricht er auch über Kultur. Italien ohne Pizza und Pasta, Japan ohne Sushi, Argentinien ohne Empanadas? Alles nicht vorstellbar. Will man wissen, was der typische Deutsche isst, lohnt sich der Blick auf den Abendbrottisch des Nachbarn, auf die Speisekarte des lokalen Gasthofs – oder in die Sitzungsprotokolle des Deutschen Bundestags. Darin diskutieren Politikerinnen und Politiker über die Fragen der Ernährung, die ihnen am wichtigsten für die ganze Republik erscheinen: Welche Lebensmittel sollen höher besteuert werden? Welche geringer? Was wird in deutschen Kantinen und Schulküchen serviert? Lieber vegetarisch oder Fleisch satt?

In sieben Jahrzehnten Bundestagsdebatten wurde immer mal wieder über Schnitzel (58 Treffer) und Pommes (48 Treffer) gesprochen. Kein Wunder, gehören beide doch zum Grundstock der deutschen Kantine (die sogar 89-mal besprochen wurde). Nimmt man allein die Häufigkeit der Wörter als Indikator für die Beliebtheit der Nahrungsmittel, dann ist die Currywurst (30 Treffer) ihrer langweiligen Cousine, der Bratwurst (14 Treffer), um Längen voraus. Vegetarische Speisen wie Linsen (13 Treffer) und Grünkohl (12 Treffer) beschäftigten die Abgeordneten eher selten. Sie sind trotzdem beliebter als Sauerbraten und Spätzle, darum ging es in mehr als einem halben Jahrhundert Parlamentsdebatten nur jeweils zweimal. Spinat war immerhin 22-mal Thema. Das macht deutlich: Häufigkeit allein sagt über Beliebtheit nichts aus.

IMMER, WENN ES UNAPPETITLICH WIRD

Schaut man sich die Debatten an, sieht man, dass über ein Lebensmittel wirklich oft gesprochen wird: Das Wort »Fleisch« kommt in 70 Jahren Bundestagsreden 1933-mal vor. Mehr als doppelt so oft wie »Gemüse« (910 Treffer). Laut dem aktuellen Ernährungsreport 2019 stehen bei jedem vierten Deutschen täglich Schnitzel, Würstchen oder eine Bolognese auf dem Speiseplan. Im Bundestag aber werden meist nicht die neuesten Rezeptideen ausgetauscht – nicht mal, wenn es um Kirschkuchen geht – (siehe auch Seite 22 f.), sondern Fleisch wird dann besonders heiß diskutiert, wenn es unappetitlich wird: etwa Ende des Jahres 2000, als der erste Fall der Rinderseuche BSE in Deutschland bekannt wurde.

Anfang dieses Jahres sagte die Ernährungsministerin Julia Klöckner, dass das Interesse der Deutschen an vegetarischem Essen gestiegen sei. Die Protokolle des Bundestags zeigen: Seit den 80er-Jahren, also seitdem die Fraktion der Grünen in den Bundestag einzog, wird vermehrt darüber gesprochen. 1988 forderten sie in einer Petition beispielsweise, dass es Strafgefangenen im Gefängnis ermöglicht wird, sich vegetarisch zu ernähren. 2013 schlugen die Grünen vor, einmal pro Woche auf Fleisch und Wurst zu verzichten: Der Veggie-Day sollte dazu dienen, Konsumenten Alternativen zum fleischhaltigen Mahl nahezubringen und vermehrte Treibhausgas-Emissionen zu vermeiden. Diese »moralische Zeigefingerpolitik«, wie der FDP-Politiker Erik Schweickert sie nannte, stieß auf Widerstand. »Ich würde gerne einmal sehen, was los wäre, wenn ich einen verpflichtenden Fleischtag fordern würde«, sagte er unter Applaus seiner Parteifreunde und der Abgeordneten der CDU/CSU. Zum allerersten Mal über Vegetarier sprachen die Abgeordneten übrigens 1951, als sie darüber abstimmten, ob Fleisch- und Wurstwaren auf die Liste der Lebensmittel gesetzt werden sollten, die unter einen ermäßigten Steuersatz fallen. 152 Abgeordnete waren dafür und schlossen sich damit dem CDU-Politiker und Vorsitzenden des Deutschen Fleischer-Verbands Fritz Mensing an, der Fleischkonsum fördern wollte. 145 Abgeordnete waren laut Protokoll dagegen. »Das sind die Vegetarier!« Mit diesem Zwischenruf der SPD-Abgeordneten, der für allgemeine Heiterkeit sorgte, fiel das Wort zum ersten Mal.

WAS IST EIN SCHNITZEL?

In den Protokollen geht es nicht nur um Essen, sondern auch darum, wie über Essen gesprochen wird. Kann das Wort »Schnitzel« Schnitzelkäufer in die Irre führen, wenn es plötzlich auf der Verpackung von Sojaschnitzeln steht? Das wurde 2016 diskutiert. (Antwort: Es kann.) Auch als Milch darf nur bezeich-

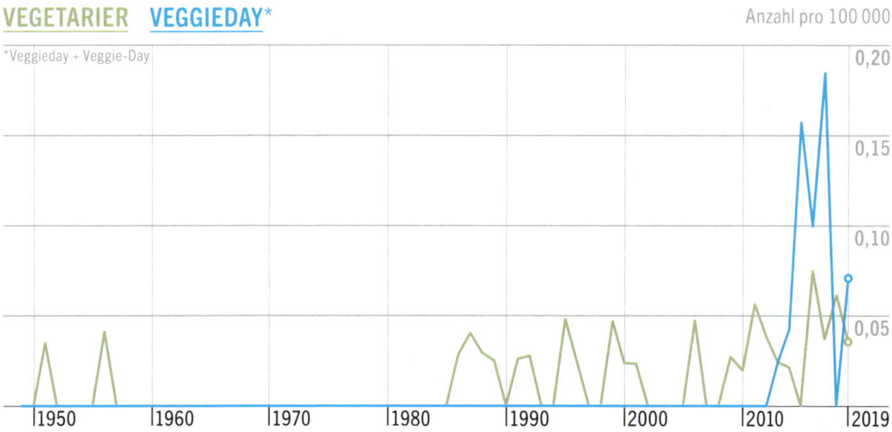

net werden, was durch Melken aus dem Euter herausgedrückt wurde. Das meinte der CDU-Politiker Richard Bayha in einer Sitzung 1989 und berief sich dabei auf das seit 1930 geltende deutsche Reinheitsgebot für Milchprodukte. Die Wörter »Sojamilch«, »Schlagcreme« oder »Imitationskäse« sind demnach nicht erlaubt, da es die Erzeugnisse quasi gar nicht geben kann.

Mehr als 20 Jahre vorher hatte sich der CSU-Politiker Franz Xaver Unertl bereits darüber geärgert, wie sehr man Sprache verdrehen kann. Als bayerischer Gastwirt wundere er sich, wenn das »Eisbein nicht mehr Surhaxe heißt, die Klöße nicht mehr Reibeknödel, die Limonade nicht mehr Kracherl«. Dass die Bayern ihre Speisen besonders lieben, zeigt sich auch daran, dass sie die Einzigen sind, die ihr Lieblingsgebäck so gern mögen, dass sie es in 70 Jahren Bundestag überhaupt erwähnen: Während die »Brezel« nicht zu den mehr als 200 Millionen Wörtern gehört, die in den Parlamentsdebatten verwendet wurden, kommen die »Brezen« immerhin zweimal vor. **MARIA MAST** ■

DER EWIGE STREIT UMS TEMPO

Soll auf Autobahnen ein generelles Tempolimit gelten? Seit Jahrzehnten wiederholt sich diese Debatte nach denselben Mustern. Nur die Auslöser variieren.

Wer für ein Tempolimit ist und vergeblich darauf wartet, kann sich vielleicht damit trösten: Es war schon mal viel schlimmer. Von 1934 bis 1939 und von 1953 bis 1957 durfte auf deutschen Straßen jeder so schnell fahren, wie er oder sie wollte, sogar in der Stadt. Dabei starben so viele Menschen, dass die Nazis schließlich nicht noch mehr Soldaten verlieren wollten. Die Geschwindigkeitsbegrenzungen, die sie einführten, wurden nach dem Krieg zunächst wieder aufgehoben. 1957 wurde dann das Tempo immerhin innerorts auf 50 Stundenkilometer beschränkt. Bis 1972 auch auf Landstraßen die Geschwindigkeit begrenzt wurde, mussten jedoch noch viele weitere Menschen unnötig sterben. Danach sank die Zahl der Verkehrstoten rapide.

Das Wort »Tempolimit« fand trotzdem erst 1974 Einzug in den Bundestag. Ein FDP-Abgeordneter wies darauf hin, dass eine solche Beschränkung auf Autobahnen erst infrage komme, wenn »wissenschaftlich gesicherte statistische Werte« bewiesen, dass dadurch Unfälle vermieden würden. Das hätte wortgleich eine FDP-Politikerin im Jahr 2020 sagen können, so wenig ist die Debatte in den vergangenen fast 50 Jahren vorangekommen.

(K)EIN NUTZEN FÜR DIE UMWELT?

Besonders viel stritt der Bundestag über das Thema in den 80ern. Das lag zum einen an der Diskussion um das Waldsterben – damals sprach man von »waldschädlich« wie heute von »klimaschädlich«. Als eine Ursache wurden Stickoxide ausgemacht, die unter anderem Autos in die Luft pusteten (siehe auch Seite 36 ff.). 1983 wurden dann die Grünen erstmals in den Bundestag gewählt und etablierten dort ihr Kernthema Umweltschutz in den Tagesordnungen. Zwei Jahre später erreichte die Diskussion um das Tempolimit ihren Höhepunkt, wie die Grafik zeigt.

In diese Zeit fallen auch die umfassendsten Untersuchungen zu dem Thema. 1984 berechnete die Bundesanstalt für Straßenwesen, dass bei Tempo 130 auf Autobahnen ein Fünftel weniger Unfalltote zu erwarten seien. 1985 gab die Bundesregierung eine Untersuchung in Auftrag, um herauszufinden, ob ein Tempolimit der Umwelt helfen würde. Der TÜV ermittelte zunächst auf 20 Teststrecken repräsentatives Fahrverhalten mit und ohne Tempolimit und bestimmte anschließend den Schadstoffausstoß einer repräsentativen Autoflotte.

Die schwarz-gelbe Regierung las das Ergebnis so, dass kaum Schadstoffe eingespart würden. Kein Wunder, hatten sich doch nur rund 30 Prozent der Autofahrer an die Geschwindigkeitsbegrenzung gehalten. Diese war im Großversuch mit 100 Stundenkilometern provokant niedrig angesetzt worden. Lange Zeit war das eins der wichtigsten Argumente gegen ein Tempolimit: dass sich die Autofahrer ohnehin nicht darum scheren würden. Das zeigte auch ein weiterer Großversuch mit Tempo 100 in Hessen von 1984 bis 1987. Dennoch ging dort die Zahl der schweren Unfälle zurück – ohne dass sich die Bundesregierung davon beeindrucken ließ und ein entsprechendes Gesetz auf den Weg brachte.

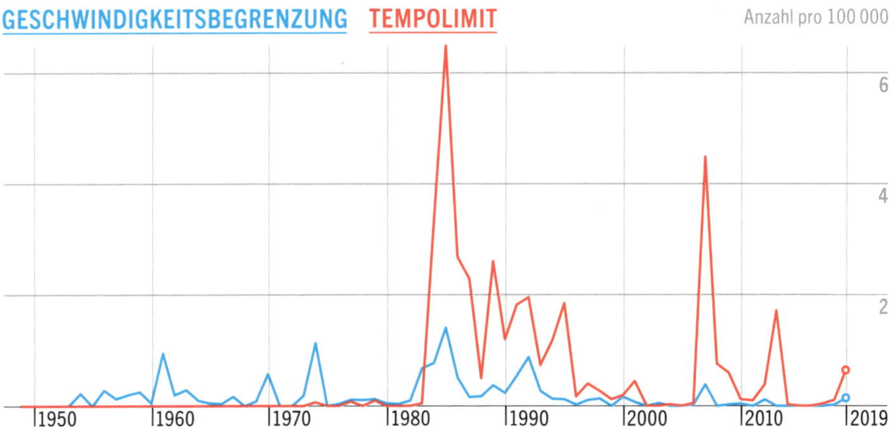

So ist es bis heute. Noch immer weisen die Befürworter darauf hin, dass ein Tempolimit die Unfallzahlen senken und die Umwelt schonen könne, und verweisen dabei auf Studien – die von den Gegnern jedes Mal auseinandergenommen werden.

FREIHEIT VS. SCHUTZ

Es spricht viel dafür, dass ein Tempolimit positive Effekte hätte, auch wenn diese wohl nicht sehr groß wären. Wie groß sie sein müssten, um dafür das Recht auf Rasen zu beschränken, ist eine Frage der politischen Ideologie: Ist der Schutz der Verkehrsteilnehmer und der Umwelt wichtiger als die Freiheit des Einzelnen? Ist Eigenverantwortung besser als ein staatlicher Eingriff?

Dabei galt sogar schon einmal Tempo 100 auf allen deutschen Autobahnen und Tempo 80 auf allen Landstraßen: von November 1973 bis März 1974. Grund waren weder Umwelt noch Sicherheit, sondern die Ölkrise. Es musste Treibstoff gespart werden. Daraufhin startete der ADAC eine Unterschriftensammlung mit dem legendären Motto »Freie Fahrt für freie Bürger«. Mit Erfolg: Die Regierung beließ es dabei, Tempo 130 als unverbindliche Richtgeschwindigkeit festzuschreiben.

KEINE ÄNDERUNGEN UNTER ROT-GRÜN

Erstaunlich ist aus heutiger Sicht, dass sich unter Rot-Grün zwischen 1998 und 2005 nichts daran änderte. Im Gegenteil, die Debatte im Bundestag verstummte sogar fast komplett. Nach »Tempolimit« oder »Geschwindigkeitsbegrenzung« sucht man im Koalitionsvertrag von 1998 vergebens – ein Zugeständnis der Grünen an Gerhard Schröder, der als Autokanzler in Erinnerung blieb. 2001 brachte die PDS einen Antrag auf ein Tempolimit ein. Erfolglos.

Inzwischen ist zwar das Waldsterben kein Thema mehr, dafür gewann aber ein neues Umweltthema an Aufmerksamkeit: der Klimawandel. 2007 warnte der Weltklimarat vor drastischen Folgen und das Thema Tempolimit erlebte im Bundestag eine zweite Hochphase. Befürworter haben nun ein weiteres Argument, Gegner sehen die möglichen CO_2-Einsparungen wie immer als gering an. Und so gab es weitere Studien und wieder ließ sich die Regierung davon nicht beeindrucken. Dieses Mal war es die schwarz-rote.

Den bislang letzten Antrag für ein Tempolimit brachten 2019 die Grünen ein. Anfang 2020 starteten sie zudem einen Anlauf über den Bundesrat, aber auch dort fand sich keine Mehrheit. Dabei hatte der ADAC wenige Wochen zuvor sogar erklärt, »nicht mehr grundsätzlich« gegen ein Tempolimit zu sein. Seine Mitglieder sind in der Frage letztlich genauso gespalten wie die deutsche Bevölkerung und die Parteien im Bundestag. **SÖREN GÖTZ** ■

MEDIEN-WANDEL

Angst vor der totalen Fernsehgesellschaft? Natürlich spielen Sorgen eine Rolle, doch der Bundestag erkennt immer auch die Chancen neuer Technik.

»Ich lass mich in den Äther saugen, meine Ohren werden Augen«, heißt es in dem Song der Band Rammstein über das Radio. Doch die Zeit, in der sich Menschen so vom Radio fesseln ließen wie die sechs Musiker, sind lange vorbei, obwohl viele diesen Medienkanal bis heute täglich nutzen. Auch für die politische Kommunikation scheint das Radio in Deutschland schon lange keine wesentliche Rolle mehr zu spielen. Zumindest entsteht dieser Eindruck, wenn man die Nennung des Radios mit der Erwähnung anderer Medienformate in den Bundestagsreden vergleicht. Demnach ist Radio seit Jahrzehnten das unbedeutendste aller Massenkommunikationsmittel.

Das stimmt für die Anfänge des Parlaments nicht so ganz, denn im Bundestag ist vor allem in den ersten zehn Jahren oft vom Rundfunk und den Rundfunkanstalten die Rede und damit vom Radio. Doch mit dem Auftauchen des Fernsehens verblasste seine Bedeutung. Ende 1952 wurden in Ost- und Westdeutschland die ersten Fernsehsendungen ausgestrahlt; sofort war das Fernsehen auch im Bundestag Thema und wurde in Reden häufig erwähnt.

Dabei ging es nicht in erster Linie um die Darstellung von Politik und Politikern in den Sendungen, sondern eher um Gebühren, um Werbung und wirtschaftliche Monopole. Die Abgeordneten machten sich zudem viele Gedanken zur Meinungs- und Pressefreiheit

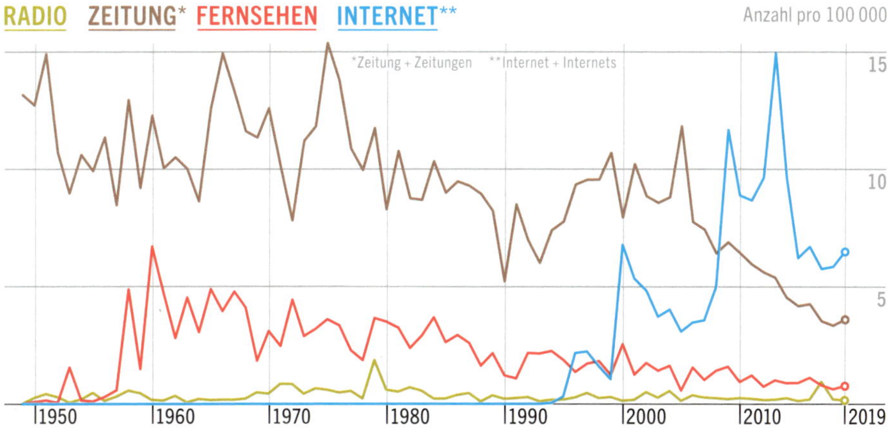

und debattierten über Bildung, die über das neue Medium transportiert werden könnte. So sprach beispielsweise Helga Wex von der CDU über den »Erziehungsgiganten Fernsehen«. Was nur belegt, dass das Fernsehen sehr schnell für die gesamte Gesellschaft ein wichtiges Medium geworden war und sich das auch in den Reden des Bundestags spiegelte.

»HEMMUNGSLOSE ÜBERFLUTUNG«

Selbst eine gehäufte Nennung des Begriffs »Radio« im Jahr 1979 geht auf das Fernsehen zurück. Damals wurde in vielen Sitzungen des Bundestags über »Radio Tele Luxemburg« beraten – abgekürzt RTL. Der Sender plante, sein privates Fernsehangebot via Satellit auch in Deutschland auszustrahlen, und löste damit eine heftige Debatte über die Gefahren des Privatfernsehens aus. Die meisten Politikerinnen und Politiker wollten das Vorhaben verhindern. Sie fürchteten eine »hemmungslose Überflutung mit Programmangeboten«, eine »Ausstrahlung von Porno-Programmen« und dass die deutsche Werbewirtschaft von der Konkurrenz aus dem Nachbarland »im wahrsten Sinne des Wortes ausgenommen« würde. Ja, einige sahen das private Fernsehen gar als unerlaubte Einmischung in deutsche Angelegenheiten an und forderten, Außenminister Hans-Dietrich Genscher solle mit dem Nachbarland darüber verhandeln, die Ausstrahlung zu unterlassen. Auch Bundeskanzler Helmut Schmidt war ein großer Gegner der befürchteten totalen Fernsehgesellschaft.

Doch es gab auch jene, die versuchten, in der Entwicklung etwas Positives zu sehen. So argumentierte Gerd Langguth, CDU, am 7. November 1979: »Eine größere Auswahl von Programmen kann auch unabhängig von dem Recht auf Informationsfreiheit durchaus vorteilhafte Wirkungen haben. Wer nämlich zwischen mehreren Programmangeboten zu wählen hat, muß entscheiden. Das heißt, er muß für sich die Entscheidung treffen, ob er die eine Sendung sehen will und die andere nicht. Die Folge ist nach meiner Einschätzung letztlich der kritischere Fernsehzuschauer.«

Er wurde nicht gehört. Für eine Weile siegten die, die das Privatfernsehen stoppen wollten. Erst 1984 startete das erste private Pilotprojekt in Deutschland mit einem kleinen Angebot, aus dem später Sat.1 werden sollte. Am Tag darauf durfte dann auch RTL aus Luxemburg die Deutschen mit seinem Programm unterhalten.

DAS INTERNET WIRD ZUM STAR

Diese Debatte um die Gefahren der Mediengesellschaft wiederholte sich Mitte der 1990er-Jahre mit der Verbreitung des Internets. Erstmals erwähnt wurde der Ausdruck »Internet« im Bundestag am 14. Dezember 1994 von Hertha Däubler-Gmelin. Der Satz ist interessant, enthält er doch eine Art Eingeständnis. Sie sagte: »Telebanking, Teleshopping, auch zum Beispiel Telearbeit, Faxe, Kommunikation, Datennetze, Internet. All das bestimmt vielleicht nicht das Leben der Menschen, die hier im Bundestag sitzen. Aber es prägt das Geschäftsleben und es prägt vor allen Dingen auch das tägliche Leben der Bürgerinnen und Bürger immer mehr.«

Es dauerte noch ein wenig, bis den Abgeordneten klar wurde, wir sehr das Internet das Leben prägen sollte. Anfangs ging es in ihren Debatten vor allem um Jugendschutz und um die Sorge, dass dort ein »rechtsfreier Raum« entstehe. Bald aber zweifelte kaum einer mehr am Nutzen, und Hans-Otto Wilhelm, CDU, äußerte, »daß der schnellstmögliche Anschluß von möglichst vielen Schulen an das Internet eine gute Sache ist«. Man kam später sogar zu der Einsicht, dass jeder einen Internetzugang haben müsse, um am gesellschaftlichen Leben teilzunehmen.

Schließlich löste das Internet den bis dahin ewigen Star unter den Massenmedien ab: die Zeitungen. Die Erwähnung von Zeitungen und Zeitung im Bundestag nimmt massiv ab, als das Internet auftaucht. Ab 2008 kommt der Ausdruck »Internet« in Reden dann sogar häufiger vor als das bis dahin am meisten genannte Medium. Das hatte keines der beiden anderen Verbreitungsformate geschafft.

Damit zeigt sich die »Medienwandel« genannte Veränderung auch an dieser Stelle: Die sogenannten klassischen Medien verlieren in den Parlamentsreden gegen den Jungstar. Was letztlich nur eines bestätigt: Der Bundestag ist ein Spiegel der Gesellschaft und beschäftigt sich mit den Themen, die die Menschen in Deutschland beschäftigen.

KAI BIERMANN ■

GENERAL HANDY UND KOMMISSAR COMPUTER

Die Parlamentarierinnen und Parlamentarier sind nicht so rückständig, wie ihnen gern vorgeworfen wird. Die Chancen und Gefahren der neuen Technologie beschäftigen den Bundestag, seit es Handys und Computer gibt.

Eine Welt ohne Laptop, Handy und Smartphone kann sich heute niemand mehr vorstellen. Vor nicht allzu langer Zeit aber gab es sie noch gar nicht. Den ersten Prototypen eines Mobiltelefons stellte das Entwicklerteam von Motorola 1973 her, die ersten Heimcomputer gibt es seit den 80ern. Warum aber findet sich in den Protokollen der Bundestagsreden die erste Erwähnung des Ausdrucks »Handy« bereits 1952? Es war kein visionäres Mitglied des Parlaments, das das Wort verwendete. Vielmehr erwähnte nur jemand den amerikanischen General Thomas Handy, der zu dieser Zeit Oberbefehlshaber der US-Armee in Europa war.

Doch die Parlamentarierinnen und Parlamentarier sind nicht so rückständig, wie ihnen manchmal vorgeworfen wird. Wenn eine neue Technik aufkommt, dann wird sie auch sogleich diskutiert. Das lässt sich etwa am Beispiel des Computers zeigen. Der Begriff findet sich bereits in den 1960er-Jahren in den Protokollen. Befasst hatten sich die Abgeordneten mit der Technik sogar schon früher, allerdings sprachen sie anfangs vom »Rechner« – in Anlehnung an das englische *to compute*, »rechnen«.

COMPUTER IN DER POLIZEIARBEIT

Der Ausdruck »Computer« fiel 1966 zum ersten Mal, und zwar eher beiläufig, als neue Maschine, mit der man Berechnungen extrem gerecht durchführen könne, so Helmut Lemke, ehemaliges NSDAP-Mitglied und damals Ministerpräsident des Landes Schleswig-Holstein. Noch im selben Jahr wurde der Computer bereits als Möglichkeit einer technischen Modernisierung des Bundeskriminalamts erwogen – und zugleich kritisiert. So empfahl etwa der damalige Vizepräsident des Bundestags Karl Mommer, der italienischen Polizeiarbeit zu misstrauen. Denn diese nutze eine Computeranlage mit Codeziffern für Leute, »deren besonderes Merkmal Froschaugen sind – Codeziffer 11 –, schiefe Nase – 24 –, Doppelkinn – 32 –, Voll-Glatze – 59 –. Auch Plattfüße hat man nicht vergessen: Codeziffer 86.«

Modernisiert wurde das Bundeskriminalamt dann doch. BKA-Präsident Horst Herold entwickelte die computergestützte Polizeiarbeit in den 70er-Jahren weiter, was ihm den Spitznamen »Kommissar Computer« eintrug. Er trieb auch die Rasterfahndung an, indem er die neue Technik dazu einsetzte, in Abrechnungsdaten von Energielieferanten und Vermietern nach Mitgliedern der RAF zu suchen. 1979 führte dieses Verfahren zur ersten Festnahme des Terroristen Rolf Heißler.

COMPUTER FÜR ALLE

Etwa zur gleichen Zeit bemühten sich verschiedene Firmen weltweit darum, das Rennen um den Heimcomputer für sich zu entscheiden. Anfang der 1980er-Jahre hielten die Geräte Einzug in private Haushalte und wurden auch im Bundestag debattiert. Ein Ende des Vormarschs der Computertechnik sei überhaupt nicht abzusehen, sagte beispielsweise Paul Laufs von der CDU/CSU.

Natürlich gab es aber auch skeptische Stimmen im Parlament. Marieluise Beck-Oberdorf, Mitglied der ersten Bundestagsfraktion der Grünen, sprach 1984 über die Frauenerwerbslosigkeit und prangerte in ihrer Rede eben jene Heimcomputer an. Beck-Oberdorf fürchtete, die Geräte könnten dazu benutzt werden, Frauen noch stärker auszubeuten, würden sie es doch ermöglichen, alle Arbeit – ob für die Familie oder den Beruf – von zu Hause aus zu erledigen.

FLEXIBEL, ERREICHBAR UND ÜBERWACHT

Flexibel arbeiten und immer erreichbar sein – diese Möglichkeiten, die die neuen Technologien boten, beschäftigten den Bundestag, seit es Handys und Computer gibt. Glaubt man den Fundstellen in den Plenardebatten, scheint Gerhard Schröder einer der ersten Handybesitzer im Bundestag gewesen zu sein. Trotzdem war aber auch er nicht immer erreichbar, was prompt kritisiert t) wurde. 1983 trafen sich in Hannover Punks aus der ganzen Republik zu den ersten Chaostagen. Schröder war damals noch nicht Bundeskanzler, sondern Ministerpräsident von Niedersachsen. Aber während jener Auseinandersetzungen zwischen Linksradikalen und der Polizei in Hannover war Schröder nicht erreichbar. Darüber empörte sich jedenfalls Wolfgang Schäuble, damals Vorsitzender der CDU/CSU-Fraktion.

Auch mit anderen Auswirkungen des digitalen Lebensstils beschäftigte sich der Bundestag. Etwa mit dem störenden Handyklingeln. Das gibt es nicht nur im Kino oder im Konzert, sondern auch im Parlament.

Seit wir alle ein Handy oder Smartphone bei uns tragen, stellt sich auch die Frage, inwiefern wir dadurch überwachbar sind. Der Bundestag thematisierte das schon 1999. Geradezu sprunghaft stieg in den Parlamentsreden 2013 die Verwendung der Wörter »Handy«, »Computer« und »Überwachung« an. Im Sommer dieses Jahres enthüllte der ehemalige amerikanische Geheimdienstmitarbeiter Edward Snowden, dass die Vereinigten Staaten und das Vereinigte Königreich seit Jahren Telekommunikationskanäle und das Internet global überwachten.

Auch Hackerangriffe waren immer wieder Thema im Bundestag – ganz besonders, wenn es um Angriffe auf das Parlament selbst ging. Im Mai 2015 wurde bekannt, dass das interne Netzwerk des Bundestags von Hackern angegriffen worden war. Wochenlang hatten die Täter das Computernetzwerk ausspioniert und es mehrten sich die Hinweise, dass es sich um gezielte Spionage, gesteuert von Russland, handelte. Wie sollte die Bundesregierung auf solche Angriffe reagieren, sollte sie zurückhacken, sollte sie fremde Daten manipulieren und löschen dürfen? Darüber diskutieren die Abgeordneten bis heute.

MARIA MAST ■

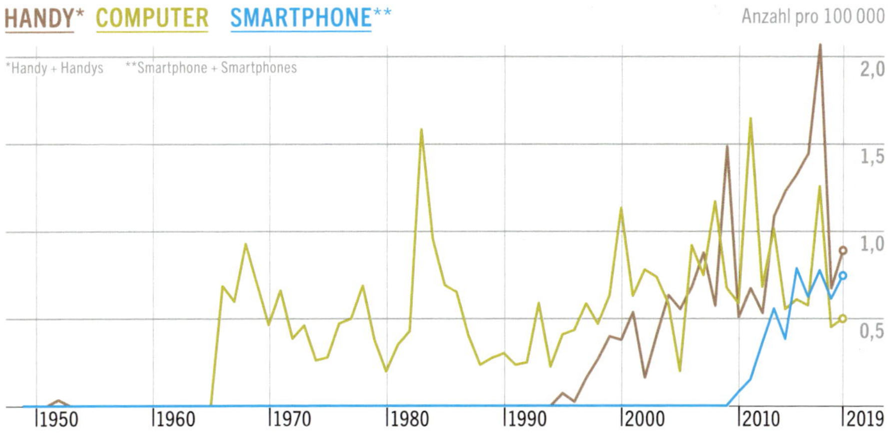

DEUTSCHLAND UND DIE WELT

Mit manchen Staaten beschäftigen sich die Parlamentarier häufiger als mit anderen. Die Bundestagsreden der Abgeordneten geben uns einen Einblick in solche Schwerpunkte der deutschen Außenpolitik. So lässt sich über die Jahrzehnte verfolgen, wie gut die Beziehungen zu Nachbarn und Alliierten sind. Anfangs werden vor allem die Besatzungsmächte und im Kalten Krieg der sogenannte Ostblock erwähnt. Sie bestimmen Deutschlands Rolle in der Welt. Inzwischen hat sich das Bild entscheidend gewandelt; Deutschland ist heute überall engagiert. Die Debatten reichen von europäischen Themen wie der Einführung des Euro über Einsätze der Bundeswehr bis hin zu Terrorismus und den großen Migrationsbewegungen auf der Welt.

Erst seit den 1990er-Jahren beteiligt sich die Bundeswehr an militärischen Missionen der Vereinten Nationen. 2016 besuchte Bundesverteidigungsministerin Ursula von der Leyen eine Militärbasis in Mali. Seit 2013 sind dort Bundeswehrsoldaten als Teil der UN-Mission MINUSMA und des europäischen Ausbildungsprogramms EUTM stationiert.

UN

WIE AUS DER EWG EUROPA WURDE

Anfangs musste Europa profitabel und harmlos daherkommen. Über die europäische Integration wurde im Bundestag möglichst wenig gesprochen. Heute ist die EU oft Thema. Das ist aber eher ein Zeichen ihrer Krise.

Europa wird immer wichtiger, so viel lässt sich nach einem ersten Blick auf die Grafik schon mal sagen. Die Kurve, die anzeigt, wie oft Bundestagsabgeordnete von Europa sprachen, geht im Mittelwert steil und unaufhaltsam nach oben.

Die Häufigkeit der Erwähnung entspricht einer realen Machtverschiebung. Tatsächlich wird das EU-Parlament immer wichtiger. In vielen politischen Bereichen fallen die Entscheidungen inzwischen nicht mehr in den nationalen Parlamenten, sondern auf EU-Ebene. Etwa 70 Prozent der deutschen Gesetze basieren auf Entscheidungen aus Straßburg und Brüssel, heißt es unter den deutschen Europa-Politikern. Insofern ist es nur konsequent, dass der Stellenwert Europas auch rhetorisch ständig zunimmt.

Anhand der im Bundestag verwendeten Begrifflichkeiten lässt sich gut nachvollziehen, wie sich das politische Gemeinwesen, das wir heute EU nennen, historisch entwickelt hat. Ab 1957 taucht das Kürzel EWG in den Redebeiträgen auf. Es steht für die Europäische Wirtschaftsgemeinschaft, die Deutschland zusammen mit Frankreich, Italien und den Beneluxländern im März 1957 gründete. Die politische Annäherung der europäischen Länder war zunächst ökonomisch motiviert. Die Grundidee bestand darin, einen gemeinsamen Markt zu schaffen, von dem alle profitieren würden.

Für eine politische und militärische Annäherung war es – ein knappes Jahrzehnt nach dem Zweiten Weltkrieg – noch zu früh, wie verschiedene gescheiterte Versuche zeigten. Nein, Europa musste in dieser Zeit profitabel und harmlos daherkommen. Die europäische Integration musste unauffällig vonstatten gehen; zumindest hat man den Eindruck, wenn man die Bundestagsprotokolle aus den 1950er-Jahren liest. Von Pathos und Begeisterung für Europa fehlt in dieser Zeit jede Spur. Der frühe EWG-Sound klingt technisch und bürokratisch.

27 LÄNDER, 450 MILLIONEN EINWOHNER

In den 1970er- und 1980er-Jahren setzte sich im Parlament (und in den Medien) ein anderer Terminus durch. Nun sprach man von den supranationalen Gemeinschaftseinrichtungen Europas, man sprach von der EG, der Europäischen Gemeinschaft. Dies war gewissermaßen ein umgangssprachlicher Begriff für all die Organe und Kooperationsformate, die sich inzwischen herausgebildet hatten. Zu den vorrangig wirtschaftspolitischen Gremien der Anfangszeit waren nach und nach eine gemeinsame Europäische Kommission, der Europäische Rat der Staats- und Regierungschefs und ein gemeinsamer Rechnungshof hinzugekommen.

All das bildete die Grundlage für die 1992 gegründete Europäische Union. Der Fall der Mauer in Deutschland und des Eisernen Vorhangs in Europa hatten das Projekt beschleunigt. Nicht zuletzt auf das starke Betreiben der Bundesrepublik hin wuchs und gedieh die EU in den folgenden anderthalb Jahrzehnten. Heute ist es ein Staatenverbund aus 27 Ländern mit insgesamt etwa 450 Millionen Einwohnern.

BREXIT DOMINIERT DIE DEBATTE ÜBER EUROPA

Auffällig ist, dass offensichtlich nie so viel über Europa und die EU gesprochen wurde wie in der jüngsten Vergangenheit. Beide Begriffe erreichten im Jahr 2019 Spitzenwerte. Das liegt nicht so sehr daran, dass 2019 eine Europawahl abgehalten wurde. Diese Wahlen finden seit 1979 alle fünf Jahre statt und haben in früheren Jahren die Parlamentarier im Bundestag nicht übermäßig bewegt. Dass 2019 mehr über die EU geredet wurde, lag daher wohl eher an Ursula von der Leyen. Die damalige Verteidigungsministerin wurde neue EU-Kommissionspräsidentin. Damit bekleidete erstmals seit mehr als fünf Jahrzehnten eine deutsche Politikerin das wichtigste Amt, das die Europäische Union zu vergeben hat.

Hinzu kommt leider auch: Die Probleme der EU sind größer geworden. Der Brexit dominierte seit 2016 das europäische Geschehen. Erstmals in ihrer Geschichte gab es ein Land, das die EU wieder verlassen wollte – und diesen Ausstieg im Januar 2020 nach einem zähen Aushandlungsprozess auch vollzog. Nach Jahren des Aufschwungs und

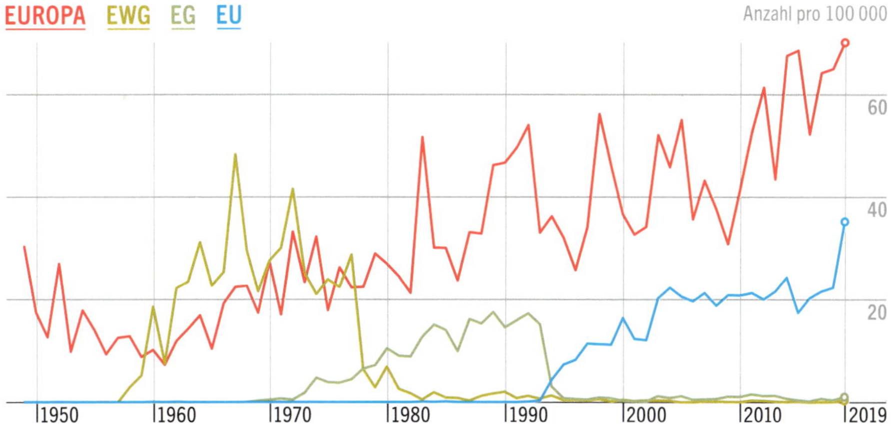

Wachstums ist die EU damit erstmals geschrumpft.

Und auch andere internationale Probleme und Krisen fordern die Europäische Union immer wieder heraus: die Kriege in Syrien und der Ukraine, die zahlreiche Flüchtlinge in Europa zur Folge hatten, der internationale Terrorismus, die Klimakrise. All das war Thema im Bundestag. Häufig mit dem Verweis: Hier könne nur die EU helfen.
MICHAEL SCHLIEBEN ■

DEUTSCHLANDS BLICK AUF DIE WELT

Mit manchen Staaten beschäftigen sich die Parlamentarier häufiger als mit anderen. Über die sieben Jahrzehnte hinweg betrachtet zeigen die entsprechenden Flaggen den Interessenwandel der deutschen Außenpolitik.

1949–1968
DIE ALLIIERTEN

In den Anfangsjahren der Bundesrepublik waren die Alliierten das wichtigste Thema, da sie in Deutschland bis in die 50er-Jahre Besatzungsmacht waren. Daneben ging es in den Debatten um die Rückkehr von 10 000 Kriegsgefangenen aus der Sowjetunion. Mit der Präsidentschaft Kennedys und seinem legendären Satz »Ich bin ein Berliner« vor dem Schöneberger Rathaus begann Anfang der 60er-Jahre die große Faszination Deutschlands für die USA.

1969–1998
DDR UND KALTER KRIEG

In den 70er-Jahren dominierte das Nachbarland DDR die Debatten. Auch weil die Bundesregierung die DDR 1972 mit dem Grundlagenvertrag staatsrechtlich anerkannte. In den 80er-Jahren entschärfte sich der Kalte Krieg; USA und Sowjetunion waren nun häufig Thema. Mit Mauerfall und Wiedervereinigung stand Ende der 80er wieder die DDR im Fokus – das Land, das im Bundestag insgesamt am häufigsten erwähnt wurde, gibt es heute nicht mehr.

1999–HEUTE INTERNATIONALE BEZIEHUNGEN

Seit der Jahrtausendwende wurden die Debatten im Bundestag internationaler. Deutschlands Rolle in der Welt veränderte sich, und damit auch die Interessen der Abgeordneten. Nun ging es vor allem um internationale Krisen: um die Anschläge am 11. September 2001 in den USA, um den Krieg gegen die Taliban in Afghanistan, die Verschuldung von Griechenland oder um den Ukraine-Konflikt. 2017 wurde über kein Land häufiger gesprochen als über das westafrikanische Mali, wo ein umstrittener Bundeswehreinsatz begann.

ÜBER DIESE LÄNDER WURDE GESPROCHEN

HAND IN HAND AUF DEM WEG IN EIN SOUVERÄNES EUROPA?

Frankreich ist Deutschlands wichtigster Nachbar. Die Debattenkurve zeigt, wann diese Beziehung eine besondere Rolle im Parlament spielte und wie die Freundschaft immer weiter ausgebaut wurde.

Es hat lange gedauert, bis Frankreich und Deutschland Freunde wurden. Erst nach dem Ende des Zweiten Weltkriegs näherten sich die beiden Staaten an – nach jahrhundertelanger Feindschaft und Millionen Kriegsopfern. Schritt für Schritt wurde diese langsam wachsende Freundschaft vertieft, was sich in der Debattenkurve der Parlamentsprotokolle zu deutsch-französischen Themen nachvollziehen lässt.

Das erste Hoch zeigt sich 1963. Bundeskanzler Konrad Adenauer und Präsident Charles de Gaulle besiegelten die enger gewordenen Beziehungen im Pariser Élysée-Palast in einem Freundschaftsvertrag. Bis heute kann dieser Moment als historisch gelten. Was sich auch daran erkennen lässt, dass die übrigen Kurvenausschläge in den folgenden Jahrzehnten im Zusammenhang zu diesem Freundschaftsvertrag stehen.

Unumstritten war der Vertrag in den 1960er-Jahren nicht. Zum einen hatten die Vertragspartner in vielen Dingen unterschiedliche Haltungen. So war etwa de Gaulle gegen die Aufnahme der Briten in die Europäische Wirtschaftsgemeinschaft (EWG), Adenauer war dafür. Zum anderen spielte auch die weltweite Politik eine große Rolle. Europa befand sich längst mitten im Kalten Krieg. Und so wichtig die Aussöhnung zwischen beiden Staaten war, es ging dabei auch um die zentrale Frage, wie sich die beiden Länder im Ost-West-Konflikt positionierten. Deutschland fürchtete, dass sich die Vereinigten Staaten im Falle eines Krieges gegen die Sowjetunion aus Europa zurückziehen würden. Der Ausbau der Verbindung nach Paris sollte das kompensieren. Kurz nach Vertragsabschluss protestierte denn auch die Sowjetunion gegen das Bündnis.

MOSKAU BESORGT ÜBER DEUTSCH-FRANZÖSISCHES TANDEM

Für Frankreich war die deutsche Sorge hinsichtlich des Verhaltens der USA ebenfalls ein wichtiger Faktor, jedoch aus eigenem Kalkül. Der französische Präsident wollte Westdeutschland mit dem Vertrag dazu bewegen, von den USA abzurücken. Er träumte davon, gemeinsam eine Art dritte Macht zu bilden, die zwischen den beiden großen Blöcken rund um USA und Sowjetunion stand.

Den Abgeordneten im Bundestag machte das durchaus Sorgen. Der SPD-Politiker Carlo Schmid, selbst in Frankreich geboren, sagte im Bonner Plenarsaal mit Blick auf de Gaulles frisch formulierten Ziele: »Der Schock bei unseren Verbündeten war ungeheuer, nicht bloß in den Vereinigten Staaten, sondern auch überall in Europa.«

Kanzler Adenauer betonte in einer Regierungserklärung im Bundestag die Wichtigkeit der deutsch-französischen Annäherung durch den Vertrag: »Enge Beziehungen zwischen den beiden Völkern sind wichtiger als alle formellen Vereinbarungen. Sie wissen auch, meine Damen und Herren, dass ohne die Freundschaft zwischen Frankreich und Deutschland Europa nicht entstehen kann.«

DER ÉLYSÉE-VERTRAG IST DAS FUNDAMENT BIS HEUTE

Das Parlament stimmte dem Vertrag im Mai 1963 letztlich mit großer Mehrheit zu. Er wurde jedoch um eine Präambel erweitert. Darin untermauerten die »Atlantiker« im Bundestag Deutschlands Westbindung an der Seite der Vereinigten Staaten. Das parlamentarische Ringen über diese zentrale Frage zeigt die Höhe der Kurve in diesem Jahr eindrücklich.

Bei der Unterzeichnung schien der Vertrag zum Scheitern verurteilt, doch lebt er bis heute. Im Laufe der Jahre wurde er immer wieder erweitert, die Freundschaft vertieft. So wurde zusammen mit dem Vertrag auch das Deutsch-Französische Jugendwerk gegründet. Bis heute hat es rund neun Millionen jungen Deutschen und Franzosen die Teilnahme an Austauschprogrammen ermöglicht.

Der nächste große Ausschlag in den deutsch-französischen Debatten zeigt sich in den Protokollen 1988. Bundeskanzler Helmut Kohl und Staatspräsident François Mitterrand unterschrieben in diesem Jahr eine Ergänzung

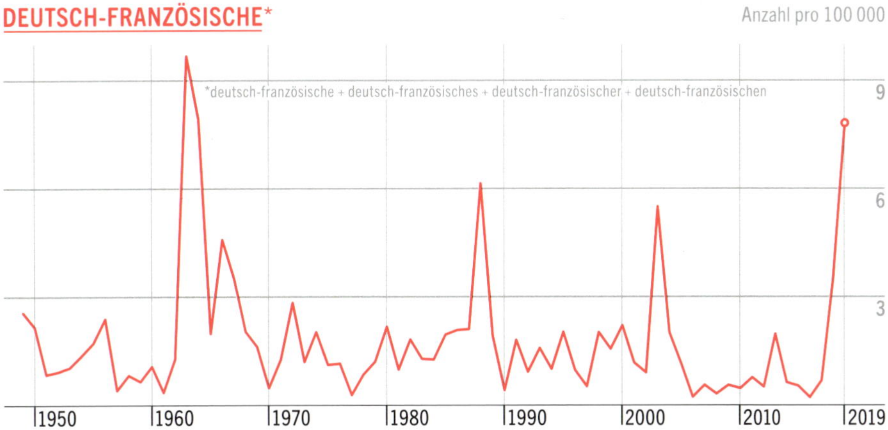

des Élysée-Vertrags. Das Papier sah einen gemeinsamen Verteidigungs- und Sicherheitsrat vor. Rund vier Jahrzehnte nach dem Kriegsende gründeten die ehemaligen Feinde eine gemeinsame militärische Einheit: Deutsche und französische Soldaten würden in einer Brigade zusammen Dienst leisten.

Für die Abgeordneten im Bundestag war das Anlass, das Verhältnis zum französischen Nachbarn im Parlament zu debattieren. Und wieder sorgte dieser Vertrag in Moskau für Unmut. Kanzler Kohl besuchte noch im selben Jahr Michail Gorbatschow, um die Unstimmigkeiten auszuräumen. Das Treffen war der Wendepunkt auch der deutsch-sowjetischen Beziehungen. Welchen positiven Ausgang diese Annäherung für das Ende der deutschen Teilung hatte, steht in den Geschichtsbüchern.

Dass die außenpolitischen Verhältnisse auch 2019 überaus anspruchsvoll waren, zeigt der Ausschlag der Kurve in diesem Jahr. Die Eurokrise schwelte und die Flüchtlingsfrage entzweite die EU. Bundeskanzlerin Angela Merkel und Frankreichs Präsident Emmanuel Macron unterzeichneten im Januar den Vertrag von Aachen. Er knüpfte ebenfalls an den Élysée-Vertrag an und war erneut ein Bekenntnis zu einem starken und souveränen Europa. Durch ihn wurde die bereits zuvor übliche enge Abstimmung vor EU-Gipfeln festgeschrieben. Einige Wochen vor der Vertragsunterzeichnung sprach Macron im Bundestag. Der Präsident bekräftigte die »unerschütterliche Freundschaft mit dem deutschen Volk« und forderte zugleich zu mehr »europäischer Souveränität« auf. »Aus unserer Souveränität muss eine Stärke entstehen«, sagte Macron im Plenarsaal des Reichstagsgebäudes.

Interessant sind aber nicht nur die Ausschläge nach oben zum Stichwort »deutsch-französisch«. Sondern auch, dass es zu bestimmten Zeitpunkten eben keine erhöhte Nennung des Begriffspaares gab. Beispielsweise im Jahr 1984.

Dabei kam es in diesem Jahr zum wohl symbolträchtigsten Moment in der Beziehung der beiden Nationen, der wie kein anderer für die endgültige Aussöhnung nach den beiden Weltkriegen steht: Bundeskanzler Helmut Kohl und Staatspräsident François Mitterrand erinnerten gemeinsam Hand in Hand auf den Grabfeldern von Verdun an die französischen und deutschen Weltkriegsopfer.

In den Parlamentsdebatten tauchte diese Geste kaum auf – so selbstverständlich war die gemeinsame Freundschaft zu dieser Zeit bereits. Lediglich die Grünen störten sich an dem »unangebrachten Pathos der beiden hochgerüsteten Staatsmänner«, wie es die Abgeordnete Petra Kelly im November 1984 nannte. Sie fürchtete, dass die Atommacht Frankreich den Nachbarn in ein Wettrüsten im All und mit Atomraketen mithineinziehen könnte. Bewahrheitet hat sich die Sorge nicht. **SASCHA VENOHR** ■

EINWANDE-RUNGSLAND? WIR DOCH NICHT

Lange wehrten sich Politiker dagegen, Deutschland als Einwanderungsland zu bezeichnen. Doch wer die Realität nicht anerkennt, kann sie auch nicht sinnvoll gestalten.

Eine halbe Million Kinder waren nach Ansicht des SPD-Abgeordneten Hans Apel im Jahr 1970 »echten Gefährdungen« ausgesetzt – weil ihre Eltern als sogenannte Gastarbeiter und Gastarbeiterinnen ganztägig arbeiteten und kaum Zeit hätten, sie zu betreuen. Könne man nicht, fragte Apel den FDP-Innenminister Hans-Dietrich Genscher, die Einreisebestimmungen verändern? Den Familien wäre geholfen, wenn man neben Mutter und Vater vielleicht auch noch eine Oma nach Deutschland kommen ließe, die sich um die Kinder kümmert, so die Überlegung der SPD.

Genscher ließ seinen Parlamentarischen Staatssekretär Wolfram Dorn antworten. Der fand die Idee absurd. Er warnte vor der »Ansiedlung ausländischer Großfamilien und Sippenverbände«, vor »Belastungen und Schwierigkeiten auf sozialem, wirtschaftlichem und ordnungsrechtlichem Gebiet« und befand: »Eine solche Einwanderung wäre mit den Gegebenheiten der Bundesrepublik, die ihrer ganzen Struktur nach kein Einwanderungsland ist, unvereinbar.«

Kein Einwanderungsland. An diesem Dogma hielten Politiker aller Parteien lange fest. Wer in den 60er- und 70er-Jahren im Bundestag den Begriff »Einwan-

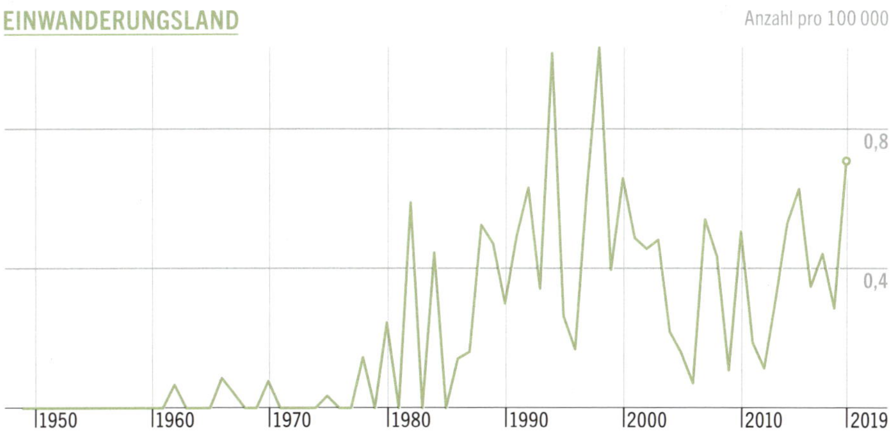

derungsland« verwendete, meinte damit entweder andere Staaten – oder erklärte eben, warum die Bundesrepublik auf keinen Fall eines sein könne. Die begriffliche Abgrenzung ging einher mit einer Politik, die sich kaum um die Lebensbedingungen und Teilhabechancen der »ausländischen Arbeitskräfte«, wie sie damals genannt wurden, kümmerte. Anfang der 70er-Jahre verschlechterte sich die wirtschaftliche Lage, die erste Ölkrise verursachte eine steigende Arbeitslosigkeit. Damit änderte sich auch die öffentliche Stimmung gegenüber den nun als Konkurrenz empfundenen Arbeitern und Arbeiterinnen aus dem Ausland.

DIE ANGST VOR »ÜBERFREMDUNG«

Schnell war die Bundespolitik bereit, die eben noch geförderte und gewünschte Einwanderung wieder zu begrenzen: 1973 beschloss der Bundestag den sogenannten Anwerbestopp. 1981 sagte Bundeskanzler Helmut Schmidt: »Es war ein Fehler, so viele Ausländer ins Land zu holen.« In den Jahren nach der Wiedervereinigung wurde der Wunsch nach Abgrenzung noch viel stärker: Immer häufiger wurde im Bundestag über Abschiebung gesprochen. Auch die Klage über eine sogenannte Überfremdung hatte nun wieder Konjunktur.

Im Land schlug die Feindseligkeit in dieser Zeit in Gewalt um – am heftigsten in Mölln, Solingen und Rostock-Lichtenhagen. 1992 einigten sich Union, SPD und FDP auf eine Verschärfung des Asylrechts, die das Kommen und Bleiben erschwerte. Doch es gab auch eine Gegenbewegung: Ab 1980 setzte bei einigen Abgeordneten die Erkenntnis ein, dass im Umgang mit den Menschen aus anderen Ländern Fehler gemacht worden waren.

In den 90er-Jahren thematisierten Politiker und Politikerinnen die wachsende Ausländerfeindlichkeit und den zunehmenden Rassismus (siehe auch Seite 55 ff.). Sie forderten, Deutschland solle seine Rolle als Einwanderungsland endlich anerkennen, nicht nur auf Abgrenzung und Repression setzen, sondern auch Teilhabe ermöglichen. Immer häufiger wurde jetzt über Konzepte zur Integration diskutiert. **ALICIA LINDHOFF** ■

DAS JAHR DER FLÜCHTLINGE

Geflüchtete bestimmten im Jahr 2015 die Debatten im Bundestag. Doch die wirklich kontroversen Diskussionen wurden außerhalb des Plenums geführt. Und für die Ursachen von Flucht und Vertreibung interessierte sich die deutsche Politik erst, als die Menschen schon im Land waren.

Es war der 31. August 2015, als die deutsche Kanzlerin Angela Merkel in der Bundespressekonferenz vier Sätze sagte, die ihr politisches Wirken fortan begleiten sollten: »Deutschland ist ein starkes Land. Und das Motiv, mit dem wir an diese Dinge herangehen, muss sein: Wir haben so vieles geschafft. Wir schaffen das.« Nur ein paar Tage später machten sich Tausende Flüchtlinge von Ungarn aus auf den Weg nach Deutschland, zu Fuß über die Autobahn – und Merkel beschloss, die bis dahin offenen Grenzen auch jetzt nicht zu schließen und die Menschen nach Deutschland einreisen zu lassen.

Es war eine – vor allem im Nachgang – umstrittene Entscheidung, die dazu führte, dass weit mehr Geflüchtete nach Deutschland kamen als gedacht. Ende 2015 sollten es fast eine Million sein. 2015 war das Jahr, in dem »Flüchtlinge« zum Wort des Jahres gewählt wurde und »Gutmensch« zum Unwort.

Die große Bedeutung dieses Themas zeigt sich auch in der Analyse der Bundestagsprotokolle. Die Begriffe »Flucht« und »Flüchtlinge« tauchen darin häufiger auf als fast alle anderen Themen, die die Abgeordneten in 70 Jahren bewegten – egal, ob es um Sicherheit ging, um Arbeitslosigkeit, Klima oder um Steuern. Besonders groß ist der Ausschlag der Kurve erwartungsgemäß im Jahr 2015. Allein in diesem Jahr sind in den Protokollen die Wörter »Flüchtlinge« oder »Flüchtlingen« 2865-mal zu lesen.

KONTROVERSE DEBATTEN AUSSERHALB DES PARLAMENTS

Trotz der Bedeutung des Themas wurden im Sommer und Frühherbst 2015 die politischen Diskussionen im Bundestag noch verhältnismäßig sachlich geführt. Die wirklich kontroversen Debatten fanden außerhalb des Plenums statt, wo die AfD mit rassistischer Rhetorik versuchte, neue Wählerschichten für sich zu gewinnen. Sie witterte damals ihre Chance, nach der Wahl 2017 in den Bundestag einzuziehen. Das Parlament diskutierte im Herbst 2015 vor allem darüber, wie »die Versorgung und Betreuung der Flüchtlinge« (Eva Högl, SPD) organisiert und vor allem finanziert werden könne.

Die Kritik der Opposition an den Plänen der Großen Koalition richtete sich vor allem gegen die deutsche und europäische Außenpolitik. »Was sind die Konzepte des Auswärtigen Amts zu diesen Krisen? Mit welchen Instrumenten wollen wir die Not der Flüchtlinge lindern? Welche Idee hat die Bundesregierung zur Beendigung des Bürgerkriegs in Syrien und des Terrors im Irak? Wie geht es eigentlich weiter mit Afghanistan?«, fragte der Linken-Abgeordnete Michael Leutert in der Sitzung vom 9. September 2015. Und seine Fraktionskollegin Sevim Dağdelen kritisierte etwa zwei Monate später, am 17. Dezember: »Mit militärischen Maßnahmen auf See werden Flüchtlinge gezwungen, immer gefährlichere und damit auch lebensgefährliche Wege in Kauf zu nehmen. Insofern ist die Aussage (...) der Bundeskanzlerin, dass Abschottungspolitik keinen Platz im 21. Jahrhundert habe, schlicht die Unwahrheit.«

Seit 2017 ist die AfD im Bundestag vertreten und sorgte – auch das zeigen die Protokolle – dort dafür, dass sich der Ton der Debatten veränderte.

AUS ASYLBEWERBERN WERDEN GEFLÜCHTETE

Ein weiteres Wort machte im Windschatten dieser Debatten Karriere im Plenarsaal: »Fluchtursachen« tauchte 2015 mehr als 400-mal in den Protokollen auf und damit häufiger als zusammengenommen seit 1949. Die Analyse zeigt, dass die Gründe von Flucht und Vertreibung in der deutschen Politik selten präventiv diskutiert wurden, sondern vor allem dann, wenn tatsächlich Menschen aus Vietnam (1979), Jugoslawien (1992), Syrien und Afghanistan (2015) vor den deutschen Grenzen standen oder Anträge auf Asyl in Deutschland stellten.

Menschen verlassen ihre Heimat und suchen an anderen Orten Schutz und Zukunft: Dieses Phänomen zieht sich durch die Geschichte der Bundesrepublik seit 1949 und damit auch durch die Debatten des Bundestags. Was sich ändert, sind Begrifflichkeiten. Die DDR-Bürger, die um 1953 in die Bundesrepublik zogen, galten als »Flüchtlinge«. Später – etwa während des Jugoslawienkriegs – richtete sich der Fokus der politischen Debatte stärker auf das

FLÜCHTLINGE* FLUCHTURSACHEN

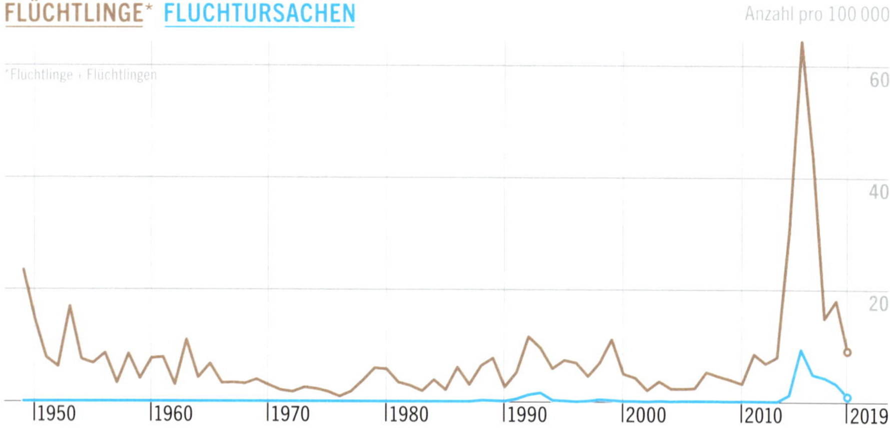

Asyl, das die Menschen in Deutschland beantragten. In den politischen Diskussionen des Parlaments wurde damals häufiger von »Asylbewerbern« statt von »Flüchtlingen« gesprochen.

Ab 2015 beginnt dann eine Kurve anzusteigen, die bis heute relativ konstant ist: Die Abgeordneten – vor allem von SPD, Grünen und Linke – sprachen nun immer öfter von »Geflüchteten« anstatt von »Flüchtlingen«. Kritiker hatten moniert, die Endung »-ling« sei negativ konnotiert und entmenschlichend. Abgeordnete sind also durchaus in der Lage, sensibel mit Sprache umzugehen.

TOBIAS DORFER

FRIEDENSMISSIONEN SIND NICHT UNBEDINGT FRIEDLICH

Politik wird mit Worten gemacht, aber manchmal auch mit Waffen. Damit das nicht so gefährlich klingt, greifen Abgeordnete gern zu verschleiernden Begriffen.

Politik hat viel mit Hoffnung zu tun, soll sie doch oft Dinge erreichen, die unmöglich scheinen. Eine der größten Hoffnungen der Menschen ist es, Kriege zu beenden und Frieden zu schaffen. Lange hat sich die Bundesrepublik aus Rücksicht auf die Geschichte des deutschen Militärs aus diesem Thema international herausgehalten, doch inzwischen kann und will sie das nicht mehr. Der Weg zu diesem Versuch, in anderen Ländern auch mit Waffengewalt Veränderungen herbeizuführen, lässt sich gut am Begriff »Friedensmission« nachvollziehen.

Die erste Erwähnung des Ausdrucks in den Bundestagsprotokollen findet sich 1975. Damals meinte man noch klassische Diplomatie, die allein auf Worte setzt, als man von einer »Friedensmission des amerikanischen Außenministers Henry Kissinger im Nahen Osten« sprach. Die nächsten deutschen Politiker, die den Begriff verwendeten, gaben ihm allerdings schon die militärische Bedeutung mit, die bis heute damit gemeint ist. Ab 1989 tauchte er vor allem im Zusammenhang mit der Bundeswehr auf: Man diskutierte nun die »Beteiligung der Bundeswehr an UNO-Friedensmissionen«.

Mit *peacekeeping mission* bezeichnen die Vereinten Nationen Einsätze, die dazu dienen sollen, in einem Kriegsgebiet zu vermitteln und im besten Fall einen Frieden auszuhandeln oder zu sichern. Das Wort »Friedensmission« ist eine verkürzte Übersetzung dieser englischen Formulierung. Doch ungeachtet des angestrebten Ziels bleiben es militärische Aktionen. Die Soldaten und Soldatinnen werden in einen Krieg geschickt; sie tragen Waffen und setzen diese im Zweifel auch ein. Daher ist der Ausdruck »Friedensmission« eher ein Euphemismus, eine beschönigende Beschreibung. Oder eben Ausdruck einer politischen Hoffnung, denn allzu oft scheitern diese Einsätze und können die Kriege eben nicht beenden.

NUR UNION UND FDP FÜR MILITÄRISCHE MISSIONEN

Anfang der 1990er-Jahre sollte auch die Bundeswehr mehr und mehr an solchen Missionen der Vereinten Nationen teilnehmen – so wünschten es sich nach dem Fall der Mauer die Verbündeten Deutschlands. Unter deutschen Politikern war dieser Wunsch nicht so stark ausgeprägt, lediglich die Regierungsfraktionen Union und FDP sprachen sich dafür aus, Bundeswehrsoldatinnen und -soldaten weltweit und damit auch außerhalb des Territoriums der NATO-Staaten einzusetzen. Dabei ging es ihnen auch darum, eine neue Aufgabe für die deutschen Truppen zu finden. Den Ostblock gab es nicht mehr, der Kalte Krieg war vorbei, ein riesiges Territorialheer war nicht mehr notwendig. Die Bundeswehr bekam die sogenannte Friedensdividende zu spüren: Sie wurde abgerüstet und verkleinert. Gleichzeitig sollte sie nun außenpolitisch eine Rolle bekommen. SPD, Grüne und Linkspartei waren anfangs jedoch strikt dagegen.

1990 war es dann trotzdem so weit. Die Bundeswehr wurde während des zweiten Golfkriegs in Kuwait erstmals ins Ausland geschickt. Soldatinnen und Soldaten wurden ins Mittelmeer und in den Persischen Golf verlegt. Anfangs waren diese militärischen Operationen passiv, die Bundeswehr beschränkte sich darauf, Minen zu räumen oder Lazarette zu liefern.

Die politische Sprache unterstrich die militärische Passivität. Es war von »friedenserhaltenden und friedenssichernden Maßnahmen« die Rede, nicht von Militär- oder gar Kriegseinsätzen. Auch Begriffe wie »Blauhelmeinsatz«, »humanitärer Einsatz«, »Stabilisierungseinsatz« oder »Friedenstruppe« sollten deutlich machen, dass es niemandem darum gehe, einen Krieg zu führen. Denn innenpolitisch war diese neue Rolle in internationalen Konflikten weiter heftig umstritten. Erst 1992 konnte sich die SPD dazu durchringen, solche Einsätze im Rahmen der Vereinten Nationen grundsätzlich zu billigen. Die Grünen bekämpften sie noch sieben Jahre länger.

FRIEDEN SCHAFFEN OHNE WAFFEN?

Der politische Widerstand nahm etwas ab, als das Bundesverfassungsgericht 1994 urteilte, dass es nicht gegen das Grundgesetz verstoße, wenn die Bundeswehr international mitkämpfe. Doch 1999 erlebte die Debatte einen neuen Höhepunkt. In diesem Jahr beteiligte sich die Luftwaffe am Einsatz einer NATO-Truppe im Kosovo – ein Einsatz, der nicht durch eine Resolution des UN-Sicherheitsrats gedeckt war. Statt von einer offiziellen Friedensmission war nun von einer »humanitären Intervention« die Rede – eine erneute sprachliche Verschleierung, handelte es sich doch um einen Luftangriff, um Bombardements. Bis heute ist umstritten, ob die NATO berechtigt war, im Kosovo anzugreifen, um die Menschenrechtsverletzungen in der Region stoppen, oder nicht.

Von der Idee »Frieden schaffen ohne Waffen«, wie es die Friedensbewegung der 1980er-Jahre gefordert hatte, war das weit entfernt. Doch selbst bei den Grünen fanden sich Ende der 1990er-Jahre Befürworter. Der Abgeordnete Winfried Nachtwei, der in den 1980er-Jahren selbst in der Friedensbewegung aktiv gewesen war, sagte im November 1999: »Was SFOR und KFOR seit Jahren und Monaten im Kosovo und in Bosnien leisten, hat nichts mit Aufrüstung und Militarisierung zu tun. Auch wenn es altgedienten Antimilitaristen unmöglich erscheint: KFOR und SFOR sind, von Nahem besehen, unverzichtbar gerade für das Gegenteil, nämlich für die gesellschaftliche Entmilitarisierung und den Aufbau eines rechtsstaatlichen Gewaltmonopols in diesen vom Krieg zerrütteten Gebieten.«

Die Terroranschläge 2001 entfernten die Bundeswehreinsätze noch weiter von der Idee einer Friedensmission im Wortsinne. Nun kämpfte sie – stets vom Parlament gebilligt – im Rahmen einer sogenannten Anti-Terror-Koalition im Irak und vor allem in Afghanistan gegen Islamisten, Taliban und Warlords. Umstritten waren auch diese Einsätze, daher wurden sie noch immer wortreich kaschiert. So sprach Verteidigungsminister Franz-Josef Jung (CSU) in seiner Amtszeit von 2005 bis 2009 stets von einem »Stabilisierungseinsatz« in Afghanistan.

Erst 2010 folgte dem politischen auch das sprachliche Eingeständnis, dass es sich dabei längst nicht mehr um friedliche Missionen handelte. Am Karfreitag 2010 wurden bei einem stundenlangen Gefecht mit den Taliban in der Provinz Kunduz drei Bundeswehrsoldaten getötet. Wenige Tage später sprach

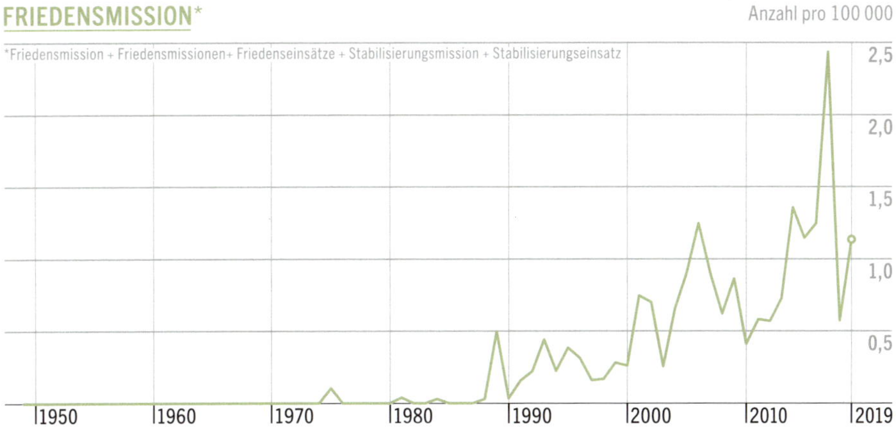

Verteidigungsminister Karl-Theodor zu Guttenberg (CSU) als erster das Wort aus, das bislang immer vermieden worden war: »Auch wenn es nicht jedem gefällt, so kann man angesichts dessen, was sich in Teilen Afghanistans abspielt, umgangssprachlich von Krieg reden.« KAI BIERMANN ■

KRIEG IST NICHT GLEICH KRIEG

Vom Kriegsverbrecher zum Zufluchtsort: Das Verhältnis Deutschlands zum Thema Krieg änderte sich im Laufe der Jahrzehnte fundamental.

Der Krieg ist ein Dauerthema der deutschen Politik. Nur über wenige Themen hat der Bundestag so kontinuierlich und oft debattiert (siehe auch Seite 14 ff.). Das ist nicht verwunderlich: Militärische Konflikte zwischen Staaten zählen zu den fundamentalsten und folgenschwersten Mitteln der Politik überhaupt. Da erscheint es nur angemessen, wenn das höchste deutsche Organ sich regelmäßig damit befasst.

Allerdings ist »Krieg« nicht gleich »Krieg«. Verwendeten die Abgeordneten diesen Begriff, meinten sie damit ganz unterschiedliche Konflikte und Aspekte.

In den Anfangsjahren der Bundesrepublik ging es zumeist um den Zweiten Weltkrieg und dessen Folgen. Dieser hatte immerhin 65 Millionen Menschen auf der ganzen Welt das Leben gekostet. Deutschland hatte unter den Nationalsozialisten zahlreiche Staaten angegriffen und sich des systematischen Mordes an Juden und anderen schuldig gemacht. Nun stand das Land unter alliiertem Besatzungsrecht. Damit war die Gründung der Bundesrepublik politisch letztlich eine direkte Folge des Kriegs. Und nicht zuletzt hatten auch die Deutschen die Schäden zu tragen, die sie verursacht hatten.

ES GING EHER UM »KRIEGSOPFER« ALS UM »KRIEGSSCHULD«

Entsprechend prägte der Krieg die Debatten der ersten Nachkriegsjahre. Im Bundestag ging es in den 1950er-Jahren um deutsche Soldaten in »Kriegsgefangenschaft«, um »Kriegsopfer« und »Kriegsfolgelasten«, um die Infrastruktur, die im Krieg zerstört worden war, oder um die »Arbeitsproduktivität«, die möglichst bald wieder »auf Vorkriegsnorm« gesteigert werden sollte. Manchmal, wenn auch deutlich seltener, war auch die »Kriegsschuld« der Deutschen ein Thema.

In den 1960er- und 1970er-Jahren verlor der Krieg ein wenig an Bedeutung im Bundestag. Zwar gab es in dieser Zeit den Kalten Krieg, den Vietnamkrieg, Bürgerkriege in Afrika, Aufstände in Asien – und sie alle fanden natürlich auch ihren Widerhall im Parlament. Aber so richtig dominierte der »Krieg« erst wieder Anfang der 1980er-Jahre die politischen Debatten.

Dazu trugen wesentlich die Grünen bei, die 1983 in den Bundestag einzogen. Ihre pazifistischen Positionen, zu denen dann auch die anderen Fraktionen Stellung beziehen mussten, prägten fortan die Debatten des Bundestags. Nun ging es unter anderem darum, ob man den »Kriegsdienst« verweigern könne – und in welchem Verhältnis er zum Grundwehrdienst stehen sollte. Außerdem machten die Grünen auf mögliche neue Formen des Kriegs aufmerksam. Sie warnten vor »atomaren Kriegen« oder einem »Nuklearkrieg«.

Zwar blieb der »Atomkrieg« aus, und die Sowjetunion verlor den »Kalten Krieg«. Dennoch gewann das Thema »Krieg« Anfang der 1990er-Jahre wieder an Bedeutung, dieses Mal vor allem als Ursache von Flucht und Vertreibung: Nach Deutschland kamen nun in einer bislang unbekannten Größenordnung Menschen, die um Asyl baten. Sie kamen aus Jugoslawien und anderen Ländern Osteuropas, aus dem Iran oder Afghanistan, also aus »Ländern, in denen anerkanntermaßen Verfolgung, Krieg und Not herrschen«, wie es die spätere Justizministerin Hertha Däubler-Gmelin 1991 formulierte.

BELLIZISTISCHE METAPHERN

Vom Kriegsverbrecher zum Zufluchtsort – die Rolle Deutschlands im Kontext Krieg hatte sich fundamental gewandelt. Rund um den Jahrtausendwechsel änderte sie sich abermals. Nach einem halben Jahrhundert der selbst auferlegten Zurückhaltung beteiligte sich Deutschland erstmals wieder an internationalen Konflikten. Unter der rot-grünen Regierung nahm die Bundeswehr am Kosovo-Krieg teil. Und nach 9/11, dem terroristischen Anschlag auf die USA im Jahr 2001, wurde Deutschland Teil einer internationalen Koalition gegen den Terror, was militärische Einsätze in Afghanistan und am Horn von Afri-

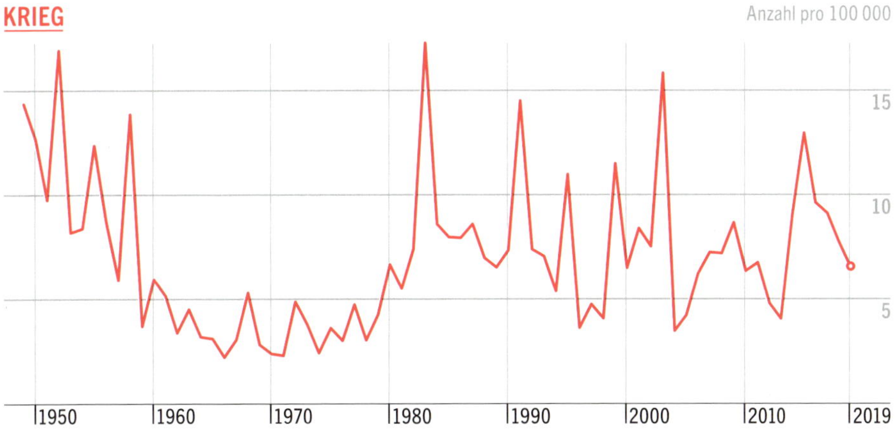

ka zur Folge hatte. An dem von den USA forcierten Krieg gegen den Irak beteiligte sich die Bundesrepublik 2002 jedoch nicht. All das war von intensiven Debatten begleitet.

Das bislang letzte Jahr, in dem überproportional häufig über den Krieg debattiert wurde, war 2015. Erneut waren es Flüchtende, die die Debatten bestimmten. Die Kriege in Syrien, Libyen und dem Jemen trieben die Menschen nach Europa, was die die deutsche Politik fortan intensiv beschäftigte. Gleichzeitig aber nahm Deutschland erneut eine neue Rolle ein, wenn es um Kriege in der Welt ging, die des Vermittlers. Bei dem Konflikt in der Ukraine versuchten deutsche Politiker, zwischen den Fronten Verhandlungen zu ermöglichen.

Übrigens: Das Wort »Krieg« kommt auch in vielen bellizistischen Metaphern vor, was die Kurve ein wenig verfälscht. In der deutschen Politik ist oft von »Stellvertreterkriegen«, »Handelskriegen« oder »Kriegsgewinnlern« die Rede, was meist nicht wörtlich gemeint ist. Und manche Politiker »kriegen« lieber etwas, als etwas zu »bekommen«. MICHAEL SCHLIEBEN ■

FRIEDEN SCHAFFEN MIT WENIGER WAFFEN?

Jahrzehntelang standen sich Ost und West hochgerüstet gegenüber. Im Bundestag mündete das Gleichgewicht des Schreckens in gegenseitige Vorwürfe – vor allem in den 1980er-Jahren.

Nie wieder Krieg? Der Schrecken und die Zerstörungen des Zweiten Weltkriegs lagen noch nicht mal eine halbe Generation zurück, da war die Welt erneut in Freund und Feind geteilt: Die USA hatten in Hiroshima und Nagasaki demonstriert, wie grausam sich töten lässt. Die Sowjetunion hatte nachgezogen und im August 1949 auf einem kasachischen Testgelände ihre erste Atombombe gezündet. Damit begannen Jahrzehnte einer neuen, weltweiten Angst: der vor Atomwaffen. Und mit ihr ein ewiger Kampf um Auf- und Abrüstung.

Bereits in den 1950er-Jahren traf man sich unter der UN-Flagge zu ersten Abrüstungsgesprächen. »Das ist das Gleichgewicht des Schreckens, das gerade die Großmächte immer wieder an jenen Tisch treibt«, analysierte der SPD-Abgeordnete Fritz Erler 1957 im Bundestagsplenum mit unverkennbarem Sarkasmus. »Wenn beide sich gegenseitig umgebracht haben, ist es völlig gleichgültig, auf wessen Gebiet sich dann noch ein gewisser Vorrat an unverbrauchten Atomwaffen befindet.«

Der Kalte Krieg hatte im Nachkriegsjahrzehnt in einen neuen Rüstungswettlauf zwischen Ost und West gemündet, und Deutschland war mittendrin. Bundeskanzler Konrad Adenauer wollte, dass sich Deutschland an der NATO-Atomrüstung beteiligte. Atomwissenschaftler wie Otto Hahn, Max Born und Werner Heisenberg hingegen protestierten 1957 in der sogenannten Göttinger Erklärung gegen eine atomare Bewaffnung der Bundeswehr. Und der Friedensnobelpreisträger Albert Schweizer warnte vor der Gefahr der nuklearen Strahlung – alles vergeblich: Verteidigungsminister Franz Josef Strauß setzte Ende März 1958 im Bundestag durch, dass die Bundeswehr Trägersysteme für amerikanische Nuklearsprengköpfe erhielt.

WUNSCH NACH ABRÜSTUNG WIRD STÄRKER

US-Truppen pflasterten in dieser Zeit Westeuropa mit Atomwaffen zu. Die Sowjetunion überraschte die Welt mit dem Test einer Interkontinentalrakete und konnte nun Atomsprengköpfe an jedem Ort der Erde abwerfen. Trotzdem finden sich die Begriffe Aufrüstung und Abrüstung in den 1960er- und 1970er-Jahren kaum in den Reden der Bundestagsabgeordneten. Anscheinend war das Gleichgewicht des Schreckens in dieser Zeit stabil. Andere Themen bestimmten die Debatten.

Erst die Rückschläge und Hoffnungen des darauffolgenden Jahrzehnts schlugen sich wieder in den Parlamentsreden nieder: In Genf unterschrieben Leonid Breschnew und Jimmy Carter 1979 den Salt-2-Abrüstungsvertrag, der Raketen und Atomsprengköpfe limitierte. Doch weil die Sowjetunion kurz darauf in Afghanistan einmarschierte, wurde Salt 2 nie umgesetzt. Der Westen boykottierte aus Protest 1980 die Olympischen Spiele in Moskau. Statt Abrüstung kam es zum NATO-Doppelbeschluss;

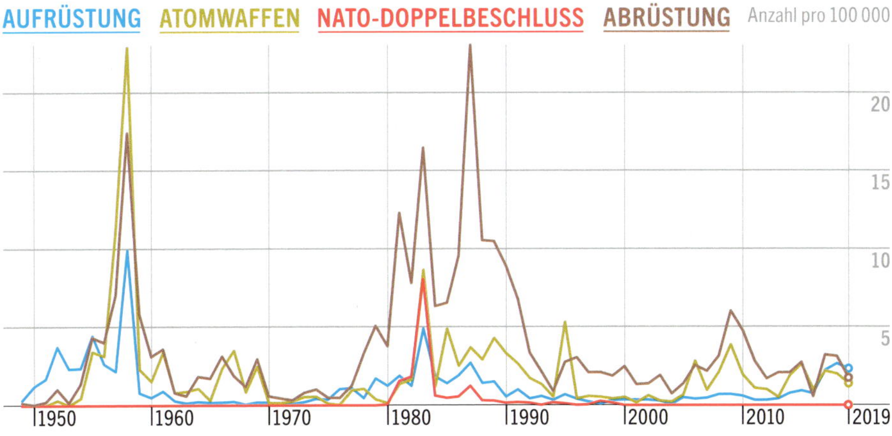

in Westeuropa wurden neue Marschflugkörper aufgestellt. Carters Nachfolger Ronald Reagan startete dann 1983 das Rüstungsprogramm SDI, einen weltraumgestützten Raketenabwehrschirm. In dem neuen Wettrüsten wollte keine der beiden Supermächte unterliegen: Auf die sowjetischen SS-20-Raketen folgten neue Pershings der Amerikaner und umgekehrt.

Der Friede war dadurch brüchig wie seit 1945 nicht. Und der Begriff der Abrüstung durchlebte in den Reden des Parlaments nun eine Konjunktur wie nie zuvor oder danach.

EIN DANK AN DIE FRIEDENSBEWEGUNG?

Doch die Lager im Bundestag schenkten sich damals nichts: Die Fraktionen der Regierung von Helmut Kohl warfen der Opposition aus SPD und Grünen vor, Abrüstung einseitig bei den USA einzufordern und Nachsicht mit Moskau zu üben. Die SPD mache sich »zum trojanischen Esel der sowjetischen Außenpolitik«, giftete 1986 der CDU-Abgeordnete und spätere Publizist Jürgen Todenhöfer. Der junge SPD-Abgeordnete Karsten Voigt, späterer Koordinator der Bundesregierung für deutsch-amerikanische Zusammenarbeit, konterte, die Regierung nehme den Bruch des Salt-Abrüstungsabkommens billigend hin. Es falle auf, dass »wenn Sie so emphatisch von Abrüstung reden, Sie wahrscheinlich Aufrüstung meinen«, sagte er an Todenhöfer gewandt. Die Regierung sei »in Wirklichkeit froh«, dass Reagans SDI-Raketenschirm nukleare Abrüstung verunmöglicht habe. Deutschlands Chefdiplomat Hans-Dietrich Genscher versuchte vom Pult aus zu schlichten und erinnerte daran, dass bereits »einseitig eine große Zahl taktischer Atomsprengköpfe von deutschem Territorium beseitigt wurde«.

1987 dann schloss die mittlerweile von Michael Gorbatschow regierte Sowjetunion mit US-Präsident Jimmy Carter den INF-Vertrag. Er regelte den Abbau der meisten Kurz- und Mittelstreckenraketen beider Seiten. Der Eiserne Vorhang hob sich ein Stück.

Aber erst der Zusammenbruch des Ostblocks und die Wende von 1989 erleichterten die Abrüstung: NATO und Warschauer Pakt schlossen den Vertrag über konventionelle Streitkräfte in Europa. In einer Debatte kurz nach der Wiedervereinigung wurde er von Bundeskanzler Helmut Kohl gewürdigt als »das umfassendste und weitreichendste Abkommen in der Geschichte der Abrüstung und Rüstungskontrolle«. Nun wurden auch Panzer, Hubschrauber und Kampfflugzeuge begrenzt. Das Versprechen seines Amtsantritts 1982, »Frieden schaffen mit weniger Waffen«, sei eingelöst, konstatierte Kohl.

Die Grünen-Abgeordnete Antje Vollmer rief in den Applaus der Regierungsfraktionen hinein: »Wie wäre es mit einem Dank an die Friedensbewegung?« **TILMAN STEFFEN** ■

VOM KAMPF GEGEN TERRORISMUS ZUM KRIEG GEGEN TERROR

Früher war von Terrorismus die Rede, wenn es um Anschläge ging. Inzwischen wird von Terror gesprochen und damit sprachlich das übernommen, was die Terroristen erzeugen wollen: Furcht.

1977 war für die Bundesrepublik nicht irgendein Jahr. Im September und Oktober ermordeten die Terroristen der RAF Arbeitgeberpräsident Hanns Martin Schleyer, entführten palästinensische Terroristen die Lufthansa-Maschine »Landshut«, brachten sich die Anführer der RAF, Andreas Baader, Gudrun Ensslin und Jan-Carl Raspe, im Gefängnis Stammheim um. Im Straßenbild gab es mit Maschinenpistolen bewaffnete Polizisten und in den Medien wurde die Rasterfahndung diskutiert und das Ende der Freiheit heraufbeschworen. Es war die Zeit des »Deutschen Herbsts«, wie er später genannt wurde. Bis heute gilt er als eine der schwersten Krisen der Bundesrepublik. Und so zeigt sich auch in den Protokollen der Bundestagsreden, dass Terrorismus eines der wichtigsten Themen jener Zeit war.

Einen zweiten drastischen Ausschlag zeigt die Kurve 1986. In diesem Jahr ermordete die RAF den Physiker und Forschungsleiter von Siemens, Karl Heinz Beckurts. Im Bundestag wurde daraufhin eine Verschärfung des Strafrechts debattiert und verabschiedet. Der Paragraf 129 des Strafgesetzbuchs wurde erweitert: Rädelsführer und Hintermänner terroristischer Vereinigungen sollten härter verfolgt werden, der Generalbundesanwalt erhielt mehr Kompetenzen.

VOM NATIONALEN ZUM INTERNATIONALEN TERRORISMUS

Natürlich häufte sich der Ausdruck »Terrorismus« 2001 und in den darauffolgenden Jahren. Nun ging es vorrangig um den internationalen. Die Anschläge auf das World Trade Center und das Pentagon am 11. September und der anschließend von den USA erklärte *war on terror* in Afghanistan bestimmten lange Zeit die parlamentarischen Debatten.

Interessant an diesen Ausschlägen ist aber nicht nur die Häufung des Begriffs zu bestimmten Zeitpunkten. Interessant ist vor allem, dass sich über die Jahre die Wahrnehmung des Phänomens Terrorismus verschoben haben muss. Denn seit den 1970er-Jahren wird in den Debatten darüber der Begriff »Terror« immer wichtiger.

Schon einmal – in den 1950er-Jahren – war der Terror häufiger in Bundestagsreden gebraucht worden. Damals ging es um den »sowjetischen Terror« oder um »Terrormaßnahmen der Volks-

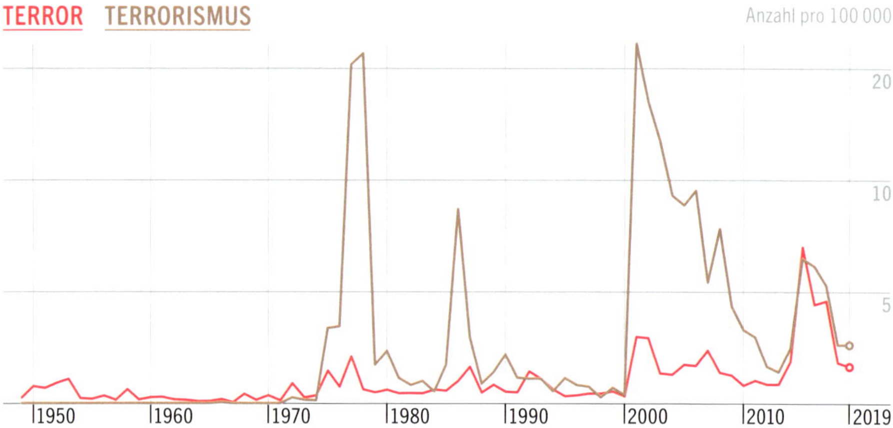

polizei«. Aber auch um einen angeblichen »demokratischen Terror«, mit dem beispielsweise 1953 der FDP-Mitbegründer August-Martin Euler von der SPD geplante Strafgesetze kritisierte. Dieser Sprachgebrauch – Euler hatte als Polizist bei der Waffen-SS gedient – war so etwas wie ein Echo des Nationalsozialismus. Im Wortschatz der Nazis diente »Terror« dazu, die Taten der politischen Gegner zu dämonisieren. Es war vom bolschewistischen Terror, vom Luftterror oder Bombenterror die Rede, dem man mit Gegenterror begegnen müsse.

DAS REDEN VOM »TERROR« BETONT NOCH DEN SCHRECKEN

Der Ausdruck verschwand anschließend weitgehend und kehrte erst mit dem Deutschen Herbst in den Sprachgebrauch zurück. Seit 2001, spätestens aber seit 2015, ist er dann so häufig wie nie zuvor und nun mit dem Ausdruck »Terrorismus« in der Häufigkeit gleichauf. Früher war von Terrorismus die Rede, wenn es um Anschläge ging. Inzwischen wird eher von Terror gesprochen. Damit vollzieht sich ein sprachlicher Wandel von dem, was die Terroristen ausüben, zu dem, was sie erzeugen wollen: Furcht und eben Terror.

Als *la Terreur*, was auf Deutsch »der Schrecken« bedeutet, wurde die brutale Unterdrückung Andersdenkender in der Zeit der Französischen Revolution bezeichnet. Nicht diejenigen also, die den Terror ausüben, die ihn als Instrument nutzen, um bei den Menschen Furcht und Panik zu erzeugen, sind heute im Fokus der Diskussionen, sondern der Effekt, den sie mit ihren Taten erzielen wollen – die Angst selbst.

In dieser sprachlichen Veränderung drückt sich möglicherweise eine bedenkliche politische Entwicklung aus. Terroristen wurden lange Zeit als Kriminelle angesehen und von der Polizei mit den Methoden des Strafrechts verfolgt. Längst jedoch gibt es eigene Gesetze für terroristische Taten, in denen die Strafbarkeit weit ins sogenannte Vorfeld verlegt wird. Nicht mehr die Tat allein wird bestraft, sondern bereits das Reden über theoretische Taten, also die Möglichkeit. Es genügt, mit Menschen Kontakt zu haben, die der Staat als vielleicht gefährlich ansieht, um selbst in den Fokus staatlicher Überwachung zu geraten. Ja, es gibt sogar die Überlegung, Terroristen ihre bürgerlichen Rechte abzuerkennen, sie wie im Mittelalter als Vogelfreie zu behandeln.

So stammt von dem Juristen Günther Jakobs der Vorschlag, ein sogenanntes Feindstrafrecht zu schaffen – was 2005 und 2009 auch im Bundestag diskutiert wurde. Den Schutz einer unabhängigen Ermittlung, eines fairen Prozesses, einer Verteidigung würden Terroristen dann nicht mehr erhalten. Sie werden in den Diskussionen zunehmend zu Überverbrechern stilisiert, um sie mit allen Mitteln bekämpfen zu können. Der Begriff »Terror« hilft dabei, sie derart zu dämonisieren. Aus dem Kampf gegen den Terrorismus ist so nicht nur sprachlich ein Krieg gegen den Terror geworden. Mit der Gefahr, dass die dabei installierten Überwachungsmethoden selbst zu Instrumenten werden, die in der Bevölkerung für Angst sorgen – für Terror also. **KAI BIERMANN** ■

VON RAMBOS UND HOFFNUNGSTRÄGERN

Manche US-Präsidenten der jüngeren Vergangenheit wurden im Bundestag sehr viel häufiger genannt als frühere. Das hatte und hat mit ihrer Politik zu tun. Vielleicht aber auch damit, dass die Welt heute enger verflochten ist.

Seine auf Deutsch geäußerte Behauptung »Ich bin ein Berliner« machte John F. Kennedy in Deutschland zum Star. Wenige Monate, bevor er in Dallas erschossen wurde, besuchte Kennedy 1963 vier Tage lang Deutschland und begeisterte viele Menschen. Auch im Bundestag wurde er immer wieder für seine Politik gelobt. Dass er versuchte, die Zahl der Studenten in den USA zu erhöhen, dass er ein Programm für Arbeitslose auflegte, mit der Sowjetunion Verhandlungen über den Status von West-Berlin führte – all das begeisterte Anfang der 1960er-Jahre ganz offensichtlich auch die Parlamentarier im Bundestag.

Auch nach seinem Tod fiel sein Name in den Reden im Parlament immer wieder. Denn die nach ihm benannte Kennedy-Runde – eine der sogenannten Welthandelsrunden, in denen es um internationale Zollsenkungen ging –

hatte auch Auswirkungen auf Deutschland. Trotzdem wurde der Namen Kennedy in den Reden der Abgeordneten im Vergleich nicht so häufig erwähnt wie die Namen von manch späteren US-amerikanischen Präsidenten, etwa Ronald Reagan oder Barack Obama.

Kennedys Nachfolger Lyndon B. Johnson und Richard Nixon spielten in der bundesdeutschen Politik offenbar eine noch geringere Rolle. Ihre Namen tauchen in den Bundestagsprotokollen noch seltener auf als der von Kennedy.

Dabei setzte in den 1960er-Jahren die große Faszination der Deutschen für die USA ein. Die Amerikaner wurden nicht mehr vorrangig als Besatzer wahrgenommen, sondern vielmehr als Vorbild – ob in Politik, Lebensstil oder Popkultur. Sie waren der wichtigste und stärkste Verbündete der Deutschen und bestimmten stark den Umgang mit der Sowjetunion und damit auch die deutsche Ostpolitik. Gleichzeitig führten sie ab 1964 den auch in Deutschland umstrittenen Krieg in Vietnam. Genug Themen für Bundestagsdebatten also. Noch dazu hatte Nixon die Watergate-Affäre ausgelöst und 1970 eine Forderung aufgestellt, die viele Jahre später Donald Trump wiederholen sollte: Nixon wollte einen großen Teil der US-Truppen in Mitteleuropa abziehen und befand, die Länder seien selbst für ihren Wohlstand verantwortlich und sollten sich nicht allein auf die USA verlassen.

REAGAN POLARISIERT

Wertet man die Bundestagsreden nach Begriffen wie USA oder Vereinigte Staaten aus, dann zeigt sich, dass der Bündnispartner sehr wohl in vielen Reden der 1960er-Jahre eine Rolle spielte, mehr als andere Staaten. Lediglich der Präsident als politische Figur wurde offenbar noch nicht so stark wahrgenommen wie in späteren Jahrzehnten.

Das änderte sich zu Beginn der 1980er-Jahre mit dem republikanischen Präsidenten Ronald Reagan. Er wurde im Vergleich zu seinen Vorgängern überdurchschnittlich häufig genannt. Immerhin hatte seine Politik auf die innere Lage der Bundesrepublik erheblichen Einfluss. In mehrfacher Hinsicht.

In seiner ersten Amtszeit verschärfte er das internationale Wettrüsten, warb für Weltraumwaffen und unterstützte heimlich Militärputsche. Später verhandelte Reagan mit dem sowjetischen Generalsekretär Michail Gorbatschow mehrere Jahre lang über die Abrüstung atomarer Mittelstreckenraketen, die auch in Deutschland stationiert waren. Und wie Kennedy hielt er in Berlin 1987 eine Rede, aus der ein Zitat weltberühmt wurde: »Mr. Gorbachev, tear down this wall!«, rief er am Brandenburger Tor. Nie wurde im Bundestag so viel über die USA gesprochen wie in der Amtszeit von Reagan. Der Mann polarisierte. Die Konservativen verehrten ihn, Sozialdemokraten und Grüne verachteten und fürchteten ihn.

So sagte beispielsweise die Grüne Annemarie Borgmann im April 1986 über ihn: »Nach wie vor bezeichnet Ronald Reagan die Sowjetunion als ›Reich des Bösen‹. Es werden wohl kaum völkerrechtliche Bedenken sein, die ihn von einem ›Kreuzzug‹ gegen eben dieses Böse abhalten werden, wenn er die Zeit für gekommen hält. Den Preis wer-

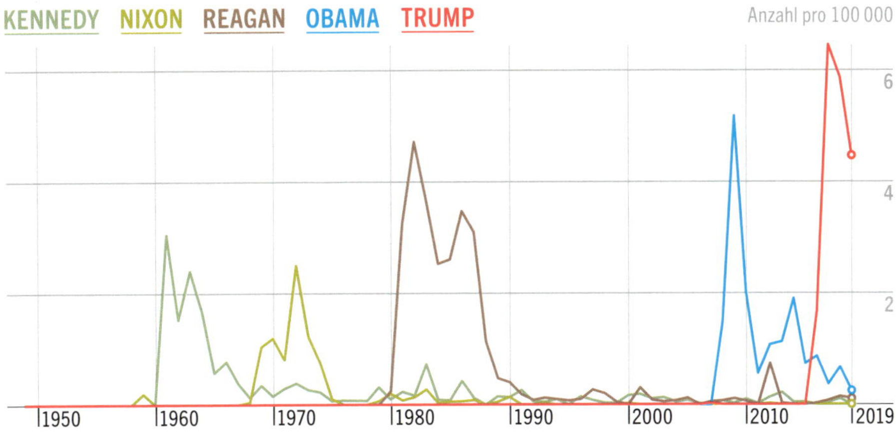

den bekanntermaßen wir, die Verbündeten, zu zahlen haben.«

Und dann kam auch noch Bitburg. Reagan und Bundeskanzler Helmut Kohl beschlossen, anlässlich des 40. Jahrestags der deutschen Kapitulation am 8. Mai 1945 auf dem Soldatenfriedhof in der Eifel eine Geste der Versöhnung zu zelebrieren. »Welcher Ort hätte sich besser für den Besuch des amerikanischen Präsidenten geeignet?«, fragte Bundeskanzler Kohl in einer Rede zu dem Ereignis 1985 vor dem Bundestag. Nirgendwo sonst sei »das freundschaftliche Zusammenleben von Deutschen und Amerikanern so spürbar ... wie auf diesem amerikanischen Stützpunkt auf deutschem Boden«. »Und auf dem SS-Friedhof!«, rief daraufhin der Grünen-Abgeordnete Hans-Christian Ströbele dazwischen. Denn auf dem Friedhof liegen auch SS-Leute begraben, weshalb die Veranstaltung in Deutschland und in den USA anschließend heftig kritisiert wurde.

Erstaunlich selten war dagegen Präsident Bill Clinton Thema im Bundestag. Jahrelang dominierte seine Affäre mit Monica Lewinsky und das gegen ihn geführte Amtsenthebungsverfahren die Medien weltweit, doch im Bundestag war nur wenig von ihm die Rede. Für die deutsche Politik hatte er offenbar kaum Bedeutung. Auch die beiden Bushs – George und sein Sohn George W. – waren anscheinend nur mäßig relevant, trotz der von ihnen begonnenen Kriege. Ganz anders sehen die Erwähnungskurven bei zwei Präsidenten der jüngeren Zeit aus: Barack Obama und Donald Trump.

OBAMA, DER HOFFNUNGSTRÄGER

Mit Obama verbanden viele Deutsche große Hoffnungen: ein liberaler Akademiker, ein Schwarzer, der verspricht, Kriege eher zu beenden, als sie anzufangen, der Reden hält, die begeistern können. Seine Wahl zum US-Präsidenten 2009 erschien vielen wie ein neuer Anfang der internationalen und der deutsch-amerikanischen Beziehungen. Er stand für mehr Gerechtigkeit, für

Klimaschutz, für Verhandlungen. Eine Stimme der Vernunft. Das Verhältnis zwischen ihm und Bundeskanzlerin Angela Merkel galt als geradezu freundschaftlich. Selbst die Linkspartei äußerte sich im Parlament lobend über Pläne des US-Präsidenten, Finanzgeschäfte zu besteuern. Die Hoffnungen erfüllten sich letztlich nicht, der Krieg in Afghanistan fand kein schnelles Ende, der gegen den Terror wurde zu einem heimlichen Krieg mit Drohnen. Ja, die gesamte Welt schien am Ende von Obamas Amtszeit unversöhnlicher und zerrissener als davor.

Und dann kam Donald Trump. Kein US-Präsident wurde im Bundestag so häufig in Reden genannt wie er. Er ist das Gegenteil all dessen, was Obama verkörperte. Er polarisiert nicht wie Reagan. Vielmehr sind sich in ihrer Ablehnung fast alle Fraktionen einig. Trump zeige in Afghanistan »eine brandgefährliche Rambo-Strategie« (Jürgen Trittin, Grüne), auf seine »Brandbriefe«, in denen er mehr deutsche Beteiligung an der NATO fordere, könne Deutschland verzichten (Karl Lamers, CDU/CSU), er sei ein Verfechter des »Rechts des Stärkeren anstelle der Stärke des Rechts« (Alexander Graf Lambsdorff, FDP). Lediglich die AfD findet Gefallen an Trump – wohl, weil sie weiß, dass sie damit die anderen Parteien ärgern kann.

Vielleicht ist die stetige Zunahme der Erwähnung von Präsidentennamen aber auch Ausdruck eines weiteren, globalen Phänomens. Denn unabhängig von einzelnen Ausreißern wirkt es so, als nähme die Bedeutung der amerikanischen Politiker für den Bundestag generell zu. Tatsächlich gibt es längst keine rein bundesdeutsche Politik mehr. Die meisten Entscheidungen haben Auswirkungen auf viele Länder und Bereiche. Politik ist internationaler geworden, die Welt enger verflochten. **KAI BIERMANN** ■

KRIEGE, KRISEN, KOLONIALISMUS

Kein anderer Kontinent wird in den Debatten des Bundestags so häufig erwähnt wie Afrika. Doch über einzelne afrikanische Länder sprechen die Parlamentarier nur, wenn es dort ein Problem gibt.

Ausgerechnet Afrika. Mehr als 8000-mal wurde das Wort von Politikern und Politikerinnen im Deutschen Bundestag genannt. Sieht man einmal von Europa ab, dann wurde in den Protokollen der Bundestagssitzungen in den vergangenen 70 Jahren kein anderer Kontinent so häufig erwähnt. Dass selbst über Amerika seltener gesprochen wurde, liegt natürlich nicht daran, dass man sich häufiger mit dem afrikanischen als mit dem amerikanischen Kontinent beschäftigt hätte. Allein die USA kommen auf über 22 000 Erwähnungen.

Ganz anders bei Afrika: Über die einzelnen afrikanischen Staaten sprachen die Abgeordneten eher selten. Während man die Industrienationen in Amerika, Europa und selbst in Asien beim Namen nannte, widmete man sich im Falle von Afrika meist dem gesamten Kontinent. Es sei denn, es gab ein Problem.

ANGST VOR DEM KOMMUNISMUS

Zum Beispiel in Angola. Angola war bis in die 70er-Jahre hinein eine portugiesische Kolonie. Drei unabhängige Befreiungsbewegungen kämpften für Angolas Unabhängigkeit. Befreit wurde das Land im Südwesten Afrikas schließlich am 11. November 1975 durch die Nelkenrevolution in Portugal. Doch damit war der Konflikt nicht vorbei, denn fortan kämpften die drei konkurrierenden Bewegungen um die Macht im Land. In Angola brach ein Bürgerkrieg aus, der über 26 Jahre andauern und Hunderttausende Menschenleben kosten sollte. Erst da wurde der Angola-Konflikt im Bundestag schlagartig zum Thema.

Doch das plötzliche Interesse an dem afrikanischen Land war vor allem ideologisch motiviert. Denn eine der drei Befreiungsbewegungen wurde durch kubanische Truppen und sowjetische Waffenlieferungen unterstützt. Zeitweise verwandelte sich daher der Konflikt in Angola in einen Stellvertreterkrieg des Kalten Krieges. Auch deutsche Politiker sorgten sich, dass sich in Angola der Kommunismus durchsetzen könne. Durch die anhaltende Destabilisierung der Region sei sie besonders empfänglich für Ideologien, fürchtete 1976 der SPD-Politiker Kurt Mattick: »Dort, wo Not und Elend sind und wo die Gesellschaft, die führt und verantwortet, auf dem Sektor des sozialen Zusammenlebens, der Gemeinschaft, versagt, dort ist der Humusboden für Kommunismus.«

DAS ENDE DER APARTHEID

Oder in Südafrika. Dort hatten sich ab den 60er-Jahren die Spannungen zwischen der Anti-Apartheid-Bewegung und dem weißen Regime zunehmend verschärft. Während westliche Kräfte in Angola noch mit Südafrika kooperierten, mehrte sich in den folgenden Jahren auch der internationale Widerstand gegen das rassistische Apartheid-System. In Deutschland rief die evangelische Frauenhilfe Mitte der 70er-Jahre unter dem Motto »Kauft keine Früchte der Apartheid« zu einem Boykott von südafrikanischen Produkten auf. Ab den 80er-Jahren trugen Politiker die Kritik am Apartheid-System auch in den Bundestag. Als der südafrikanische Außenminister Pieter Willem Botha 1983 Bonn besuchte, forderten die Grünen eine aktuelle Stunde, die der Grünen-Abgeordnete Walter Schwenninger mit den Worten einleitete: »Wir haben den ersten Besuch eines südafrikanischen Außenministers seit 1979 zum Anlaß für diese Aktuelle Stunde genommen, weil wir in dem Empfang Bothas durch Außenminister Genscher eine bewußte Aufwertung des rassistischen Minderheitsregimes sehen.«

Südafrika beschäftigte den Bundestag, bis Botha 1989 nach einem Schlaganfall zurücktrat. Als Bothas Nachfolger Frederik Willem de Klerks gewählt wurde, beruhigte sich die Lage im Land. Nelson Mandela wurde freigelassen, das Ende des Apartheid-Regimes stand bevor. Und genauso plötzlich, wie Südafrika im Bundestag zum Thema geworden war, verschwand es wieder aus den Debatten.

WIE WIR ÜBER AFRIKA REDEN

Ähnlich verliefen die Diskussionen über andere afrikanische Staaten. Somalia? Wurde 1993 im Zusammenhang mit der Schlacht von Mogadischu, einer Kampfhandlung zwischen UN-Truppen und somalischen Milizen, zum Thema. Kongo? Geriet 2006 während seiner ersten demokratischen Wahlen in den Fokus. Nigeria? War 2014 ein Thema, als dort Boko Haram wütete und gleichzeitig

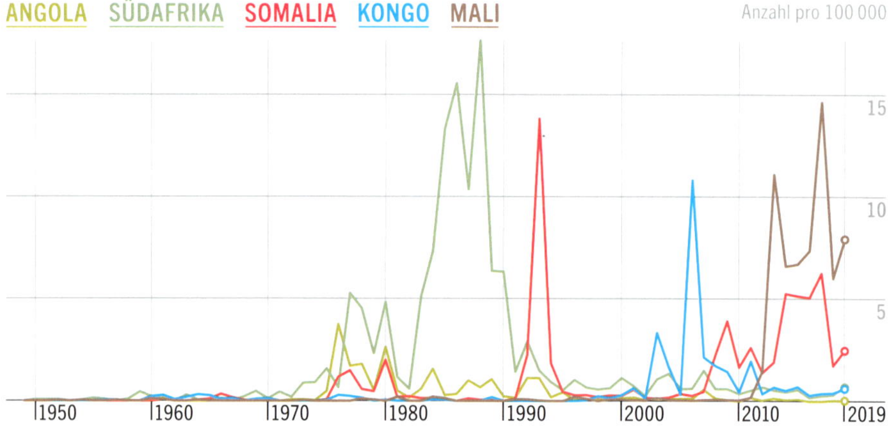

Ebola ausbrach. Seit 2013 beschäftigen sich die deutschen Politiker mit dem UN-Einsatz in Mali. Gab es in einem afrikanischen Land ein Problem, dann stieg die Aufmerksamkeit sprunghaft an. War die Krise überstanden, flaute das Interesse ganz schnell ab und das Land wurde im Bundestag nicht mehr erwähnt.

In ihrem Vortrag »Die Gefahr der einen einzigen Geschichte«, den sie 2007 bei einer TED-Konferenz hielt, sagte die nigerianische Autorin Chimamanda Ngozi Adichie: »Wäre ich nicht in Nigeria aufgewachsen, und alles, was ich über Afrika wüsste, stammte aus den gängigen Darstellungen, dann würde auch ich denken, Afrika sei ein Ort wunderschöner Landschaften, wunderschöner Tiere und mit unergründlichen Menschen, die sinnlose Kriege führen, an Armut und AIDS sterben, unfähig sind, für sich selbst zu sprechen, und die darauf warten, von einem freundlichen, weißen Ausländer gerettet zu werden.« Wenn man sich die Debatten im Deutschen Bundestag ansieht, könnte man zu einem ähnlichen Bild gelangen: Afrika, ein gleichförmiger Kontinent, geplagt von Krisen, Kriegen und Hungersnöten. **ELENA ERDMANN** ■

DER PARLAMENTARISCHE SPRACHGEBRAUCH

Dass es auch in der Politik Modewörter gibt, zeigen Beispiele wie »Heimat« oder »systemrelevant«. Doch an der Sprache der Abgeordneten lässt sich noch viel mehr ablesen als solche kurzfristigen Entwicklungen. Wie wirkte sich etwa die zunehmende Anzahl von Frauen in ihren Reihen auf ihre Redeweise aus? Wie ging man in den Debatten miteinander um? Wurde der Ton im Laufe der vergangenen Jahre rauer oder höflicher, sachlicher oder polemischer? Wie oft haben die Stenografen und Stenografinnen einen »Zwischenruf« dokumentiert, wie oft »Lachen« oder »Heiterkeit«? Und wie hoch ist eigentlich die intellektuelle Flughöhe unserer Volksvertreter? Werden im höchsten Gremium des Landes der Dichter und Denker Goethe und Schiller zitiert? Das alles lässt sich anhand der Protokolle analysieren.

Die Sprache der Abgeordneten spiegelt die gesellschaftlichen Veränderungen in Deutschland wider. Sie veränderte sich etwa durch den Einzug der Grünen ins Parlament und die stetige Zunahme von Frauen in ihren Reihen (Angela Merkel als CDU-Parteivorsitzende am 16.5.2002, im Hintergrund Bundeskanzler Gerhard Schröder, SPD, und Bundesaußenminister Joschka Fischer, Die Grünen).

VOM FRÄULEIN ZUR BUNDESKANZLERIN

Lange Zeit hatten Frauen in der deutschen Politik nur wenig zu sagen. Emanzipation und Gleichberechtigung zeigen sich auch in der Sprache des Bundestags.

Ob es nun die Sprache ist, die den gesellschaftlichen Wandel bedingt, oder der gesellschaftliche Wandel, der sich in der Sprache widerspiegelt – unser Denken und unser Sprechen hängen zusammen. In den Reden und in der Zusammensetzung des Parlaments zeigt sich, dass sich beides verändert hat. Und weil im Bundestag nicht nur jedes gesprochene Wort mitgeschrieben wird, sondern auch Name und Titel der Sprechenden, dokumentiert die Anrede »Frau«, dass über die Jahre mehr und mehr Politikerinnen ins Parlament kamen.

Seit der Gründung des Deutschen Bundestags vor gut 70 Jahren sitzen Frauen im Parlament; selbst unter den »Vätern des Grundgesetzes« befanden sich schon vier Frauen. Aber sie waren 1949 natürlich weit die Minderheit: Nur 6,8 Prozent der Abgeordneten waren weiblich. Von Anfang an kämpften die Frauen für ihre Gleichstellung (siehe auch Seite 69 ff.). Vieles, über das heftig gestritten wurde, ist heute selbstverständlich: Frauen dürfen ohne Einverständnis ihres Ehepartners einen Job annehmen, Vergewaltigung ist auch in der Ehe strafbar. So manches, was man in den frühen Debatten lesen kann, klingt heute geradezu absurd.

DAS FRÄULEIN WIRD ZUR FRAU

Zum Beispiel das »Fräulein«. Im Bundestag wurde die Anrede zwar eher selten benutzt (kein Wunder, in den frühen Jahren waren dort ja auch nur wenige Frauen vertreten). Doch nahezu jede Verwendung des Wortes in den 50er-Jahren erweckt den Anschein, als hätte man ein Fräulein nicht so richtig ernst nehmen können. So wurden beispielsweise Dokumente als nicht stichhaltig befunden, weil sie »sich lediglich auf die Aussagen des Fräulein Fischer« stützten (1950); ein »Fräulein Wessel« habe ihrem Kollegen »unrecht getan«, weil sie ihn »scharf angegriffen« habe (auch 1950). Im Dezember 1954 endlich beschloss der Bundestag, dass unverheiratete Frauen sich ab 21 und nicht wie früher erst ab 35 Jahren »Frau« nennen durften. Es gab vier Gegenstimmen.

Die Bezeichnung »Fräulein« wurde dennoch bis in die 80er-Jahre regelmäßig gebraucht. Heute spricht man im Bundestag höchstens noch in Zitaten oder Erinnerungen über das »Fräulein«; die Anrede und Bezeichnung »Frau« ist völlig normal. Das Gegenstück zur »Frau« ist in diesem Fall nicht der »Mann«, sondern der »Herr«. Zu Beginn der Aufzeichnungen der Parlamentsdebatten kam »Herr« mehr als fünfmal so häufig vor wie »Frau«. Doch der Anteil

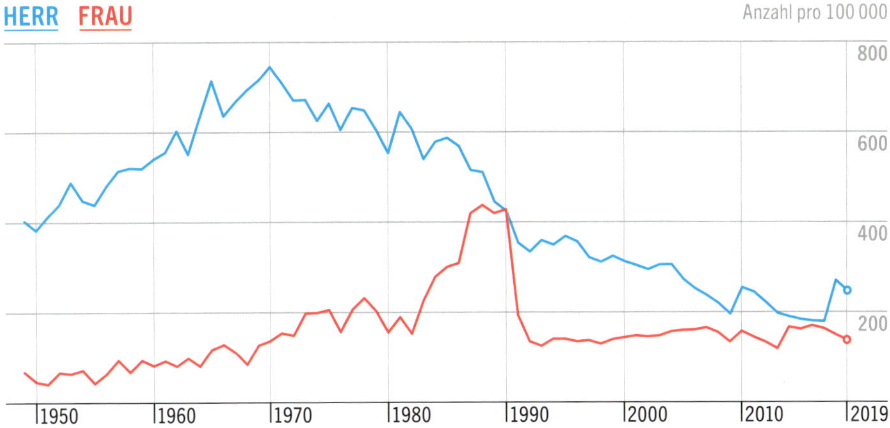

der weiblichen Anrede stieg kontinuierlich, denn immer häufiger hatten Frauen im Bundestag etwas zu sagen.

Zum ersten und bislang letzten Mal stand 1990 öfter »Frau« in den Protokollen als »Herr«. Aber nicht etwa, weil Frauen damals genauso oft zu Wort kamen wie Männer. Immer noch bildeten sie mit etwa 20 Prozent der Mitglieder die Minderheit und wurden auch im Protokoll als Ausnahme behandelt: Wenn nämlich ein männlicher Redner von den Stenografen der Bundestagsprotokolle zitiert wurde, verwendeten sie grundsätzlich nur deren Nachnamen, sprach aber eine Politikerin, stellte man ein »Frau« voran. Irgendwie musste man ja unterscheiden. 1991 wurde diese Regelung geändert, fortan wurden beide Geschlechter in den Protokollen gleichberechtigt mit Vor- und Nachnamen genannt.

HELMUT, RITA UND ANGELA

Mit der Einführung von »Helmut«, »Rita« und »Angela« nahm daher in den Protokollen das Wort »Frau« drastisch ab, 1993 finden sich 5123 Nennungen; der »Herr« wurde noch rund dreimal häufiger erwähnt (14 715 Nennungen). Zu dieser Zeit war etwas mehr als jedes fünfte Parlamentsmitglied eine Frau. In den folgenden Jahren stieg die Anzahl der weiblichen Abgeordneten weiter an. Immer öfter sprachen plötzlich »Kolleginnen«, »Ministerinnen«, »Expertinnen«. Sogar über »Soldatinnen« wurde im Bundestag nun regelmäßig debattiert. Anfang 2017 erreichte der Prozentsatz der Frauen im Parlament mit 37,3 Prozent einen vorläufigen Höhepunkt. In den Protokollen näherte sich die Häufigkeit der Nennungen von »Frau« und »Herr« zum zweiten Mal an.

ELENA ERDMANN ■

AUCH TROTTEL UNTER DEN ABGEORD-NETEN

Der Ton wird rauer, jaja. Doch gilt das auch für die Reden und Diskussionen im Bundestag? Eine Auswertung des parlamentarischen »Arschlochs« und seiner Varianten.

Wer erinnert sich nicht an diesen jungen Politiker in Turnschuhen, der den stellvertretenden Bundestagspräsidenten so unverschämt wie formvollendet beschimpfte: »Herr Präsident, mit Verlaub, Sie sind ein Arschloch.« Das war am 18. Oktober 1984, und es wäre das erste Mal gewesen, dass verbal ein Arschloch ins Parlament eingezogen wäre. Wäre. Denn im Protokoll findet sich die Beleidigung nicht. Joschka Fischer hatte sie ausgesprochen, als die Sitzung bereits unterbrochen worden war. Zu lesen ist im Protokoll mithin nur noch: »Meine Damen und Herren, (Fischer [Frankfurt] [GRÜNE]: Schließen Sie uns doch am besten gleich alle aus! – Weitere Zurufe von den GRÜNEN) Ich unterbreche die Sitzung des Bundestages, bis der Herr Abgeordnete Fischer, der von der weiteren Teilnahme an der Sitzung ausgeschlossen ist, den Plenarsaal verlassen hat.«

Aber schon 1986 tauchen »Arschlöcher« – oder deren Kurzform »Ärsche« – dann tatsächlich in den Protokollen auf. Bis heute 32-mal. Haben also doch die Grünen den Ton im höchsten deutschen Parlament verschärft? Oder haben die Neuen damals ihre abgeordneten Kollegen an den Rand der Contenance getrieben? Die dürftigen Daten belegen das nicht. Der »Arsch« und seine Varianten traten niemals als direkte Beleidigung auf, sondern stets als Zitat: mal aus Ausschusssitzungen, mal historisch (»Auf fremdem Arsch ist gut durchs Feuer reiten« nach Luther von dem FDP-Abgeordneten Ulrich Irmer 1992), mal aus Filmtiteln (von dem PDS-Abgeordneten Rolf Kutzmutz nach der Komödie »Kleines Arschloch«). Im Jahr 1999 lobte Walter Riester, die Arbeitsämter rissen sich den »Arsch« auf, und ein anderes Mal befand der Grüne Winfried Hermann die Atommüllentsorgung für »arschteuer«.

Erst 2018 war es so weit: In der Sitzung vom 21. Februar – die AfD war da gerade fünf Monate Neumitglied – ließ sich ein namentlich nicht genanntes Mitglied der SPD-Fraktion hinreißen und rief »Arschloch!« mitten in den Redebeitrag des AfD-Abgeordneten Karsten Hilse. Wenige Monate später bezeichnete Katrin Göring-Eckardt (Bündnis 90/Die Grünen) Menschen, »die auf die Straße gehen und hetzen und Hitlergrüße zeigen«, ebenfalls als »Arschlöcher«. Dem spendeten laut Protokoll Parlamentarier und Parlamentarierinnen aller Fraktionen Beifall, allerdings niemand aus der AfD.

ARSCH*

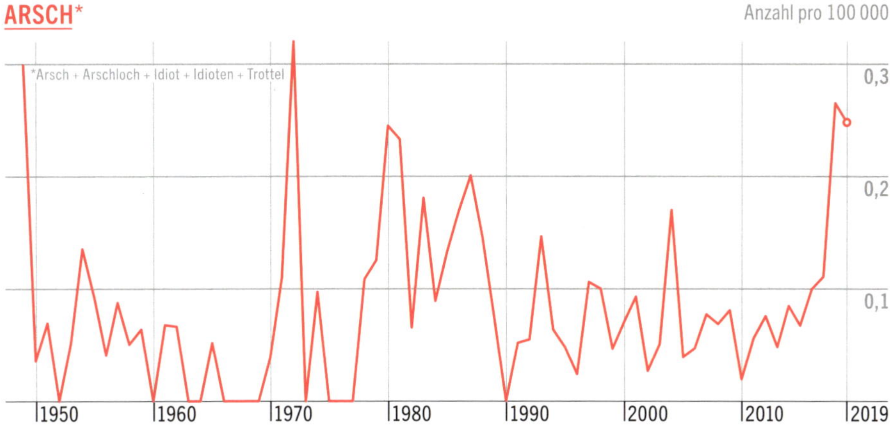

Der Ton im Bundestag ist also gar nicht so rau, wie mancher vermutet hätte. Aber nicht, weil dort besser erzogene Menschen säßen, sondern schlicht, weil die Geschäftsordnung Beleidigungen vom Kaliber »Arschloch« untersagt. Wer wirklich im Gedächtnis bleiben will, muss kreativer sein. In der eingangs erwähnten Sitzung etwa beleidigte Joschka Fischer den CSU-Abgeordneten Hans Klein, indem er rief: »Sie alt gewordener Messdiener!«. »Idioten« und »Trottel« hingegen gab und gibt es noch immer viele – auch unter den Abgeordneten, jedenfalls nach Auffassung von deren Kollegen. Sie sind die Klassiker unter den Beschimpfungen. Seit 1949 wurden diese Begriffe 152-mal verwendet. Stetig und fraktionsübergreifend. **WENKE HUSMANN** ■

LIEBEVOLLE ZEITEN?

Wer interessiert sich nicht für die Liebe? Und dafür, ob sie auch im Bundestag ein Thema ist? Doch Vorsicht, das Wort kann hier in die Irre führen.

Klar, die Leute reden heute offener über ihre Gefühle. Also auch über die Liebe. Selbst im Bundestag. Von der »großen Liebe«, von der Menschen meist außerhalb des Bundestags träumen, sprach am 4. April 2014 etwa der SPD-Abgeordnete Matthias Bartke, und das gleich in seiner ersten Rede vor dem Parlament. Romantisch war das jedoch nicht. Er riet nämlich davon ab, sie zu heiraten.

Generell verweist das Wort aber nur äußerst selten auf das größte aller

Gefühle. Häufiger sind Aussagen wie die von Elisabeth Motschmann von der CDU, die am 27. April 2017 von ihrer »großen Liebe« zu Russland sprach, den Menschen dort und deren Kultur (»aber nicht zur Politik, ganz bestimmt nicht«, ergänzte sie noch). Immer mal wieder ist auch ganz grundsätzlich von »der großen Liebe zur Wahrheit« die Rede, fraktionsübergreifend.

Doch auch solche Sätze erklären nicht den Anstieg der Kurve, der sich in der Grafik zeigt. Liebevolle Zeiten? Eher nicht. Der Grund für die Häufung des Wortes ist viel banaler und weit weniger emotional. Der Suchalgorithmus kann nicht unterscheiden zwischen Nomen und Adjektiv, also nicht zwischen der »Liebe« mit einem ganz großen »L« und der kleinen, wie sie beispielsweise in »liebe Kolleginnen und Kollegen« vorkommt.

WARUM DIE »LIEBE« MIT DEN JAHREN WUCHS

Na und?, mögen Sie jetzt vielleicht denken, die Anrede »liebe Kollegen« gab es schließlich schon immer. Doch bedeutet der quasi exponentielle Anstieg in den vergangenen Jahren nicht trotzdem eine Zunahme der Liebe untereinander?

Nein, leider ist das nicht der Fall. Der Grund ist ein anderer. Wenn man sich die Häufigkeit der Wortverbindung »liebe Kollegin« anzeigen lässt, verläuft diese Kurve ziemlich genau äquidistant unterhalb der Kurve von »liebe/Liebe«. Der Anstieg, wie ihn die Grafik zeigt, ist also den weiblichen Abgeordneten im Bundestag zu verdanken. Sie sind mehr geworden, vor allem seit Mitte der 80er-Jahre. Mithin nahm auch ihre Nennung zu, und zwar nicht nur als Gruppe in Form von »liebe Kolleginnen« – schließlich werden auch die Männer als »liebe Kollegen« angesprochen –, sondern auch, wenn sie einzeln als »liebe Kollegin« angesprochen wurden. In diesem Fall hatte nicht nur eine Frau den Platz eines Mannes eingenommen, sondern auch das Wort »liebe« den Platz von »lieber«.

Im allerersten Parlament 1949 stellten Frauen lediglich 28 Abgeordnete

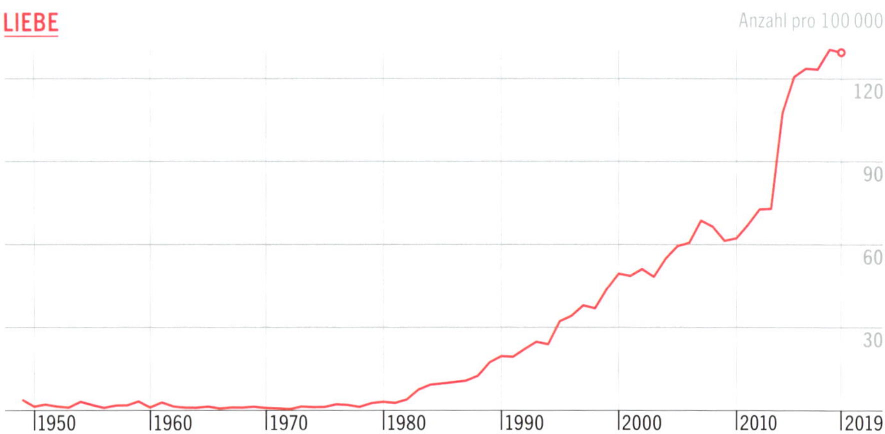

(also 6,8 Prozent) und blieben bis 1987 auch stets unter der Zehn-Prozent-Marke (mit 51 Abgeordneten). Seitdem ist die Anzahl der Parlamentarierinnen deutlich gestiegen, bis in der 18. Wahlperiode (2013 bis 2017) schließlich 230 weibliche Abgeordnete im Bundestag saßen, was einem Prozentanteil von 36,5 entsprach.

Das Suchwort »Liebe« zeugt also vielleicht nicht von großen Gefühlen in der hohen Politik, immerhin aber von einer positiven gesellschaftlichen Entwicklung. **WENKE HUSMANN** ■

POLITISCHE SPRACHE

Unsere Gesellschaft wird politisch korrekter, sagt der Sprachforscher Thomas Niehr. Das hilft Rechtspopulisten, Sprachtabus zu brechen. Ein Gespräch über Trendwörter.

ZEIT ONLINE: Welche Begriffe sind charakteristisch für die Bundesrepublik? Was beschreibt unseren politischen Diskurs der vergangenen 70 Jahre am besten?

THOMAS NIEHR: Ein typisch deutsches Wort ist »Vergangenheitsbewältigung«. Die NS-Vergangenheit prägt unsere Demokratie. Und entsprechend unsere politische Sprache. Frau Petry (damals noch AfD) hat einmal scheinbar naiv gefragt, warum man das Wort »völkisch« nicht benutzen dürfe. Das sei doch ein normales Adjektiv. Aber natürlich hat dieser Ausdruck in Deutschland einen NS-Anklang. Genau wie das Wort »Rasse« klar mit den Nazis verbunden ist. Mit solchen Begriffen ist man in anderen Sprachen unbefangener.

ZEIT ONLINE: Es fällt schon auf, dass Begriffe wie »Heimat«, »Volk« und »Identität« derzeit Konjunktur haben. Nicht nur bei den Rechtspopulisten.

NIEHR: Absolut. »Heimat« ist eine Art Begriff der Stunde. Viele Gruppen versuchen, ihn zu besetzen – oder sich davon abzugrenzen. Ein anderer wichtiger Begriff – aus dem entgegengesetzten politischen Spektrum – ist »Nachhaltigkeit«. Das finden Sie sicher in den letzten 10, 20 Jahren sehr viel häufiger als davor. Wobei der Begriff älter ist, als man denkt. Er kommt aus der Forstwirtschaft: Wir dürfen nur so viel ernten, wie auch nachwächst. Inzwischen wirbt sogar die FDP dafür. Sie meint im Zweifel aber etwas ganz anderes als die Grünen.

ZEIT ONLINE: Es gibt einige Begriffe, die von den politischen Strömungen unterschiedlich besetzt sind. Zum Beispiel werben quasi alle für »soziale Gerechtigkeit«, meinen aber damit nicht dasselbe.

NIEHR: Genau, auch »Mitte« ist so ein Begriff. In der Linguistik gibt es dafür ein Konzept, das heißt: Begriffe besetzen. Man versucht, bestimmte Hochwertwörter für sich zu reklamieren, also Begriffe, bei denen wir davon ausgehen, dass sie in der Gesellschaft hoch angesehen und unumstritten sind: »Demokratie«, »Freiheit«, »Gerechtigkeit«. In der Nachkriegszeit stand »soziale Marktwirtschaft« ganz klar für CDU. Ein Erfolgsmodell, das inzwischen sogar die Grünen rhetorisch zu besetzen versuchen. Sie sprechen nun von sozial-ökologischer Marktwirtschaft.

ZEIT ONLINE: Man konkurriert um die Deutung beliebter Begriffe?

NIEHR: Genau, die AfD hat das gerade im Wahlkampf in Brandenburg mit Willy Brandts Spruch »Mehr Demokratie wagen« versucht. Und sie zitiert die Begriffe der DDR-Bürgerrechtler: »Wir vollenden die Wende.«

ZEIT ONLINE: Sie haben sich mit der Sprache der Rechtspopulisten eingehend beschäftigt. Was ist Ihnen dabei aufgefallen?

NIEHR: Zur Strategie der Rechten gehört es, regelmäßig sprachliche Tabus zu brechen. Das passiert nicht, weil man sich verplappert, sondern ganz bewusst. Die Strategie ist: Man erntet große Empörung und rudert dann halbherzig zurück. Den rechten Rand hat man damit erreicht. Der denkt: Endlich traut sich mal jemand, das zu sagen.

ZEIT ONLINE: Nennen Sie Beispiele!

NIEHR: Es gibt jede Menge. »Denkmal der Schande«, »erinnerungspolitische Wende«, »nach Anatolien entsorgen« oder »Kümmelhändler«. Man kann immer wieder das Muster sehen. Auch die Entschuldigung folgt danach stets in ähnlicher Form. Man entschuldigt sich für den Eindruck, der entstanden ist. Nicht dafür, dass man jemanden rassistisch beleidigt und abgewertet hat. Man nimmt eigentlich von der Sache her nichts zurück.

ZEIT ONLINE: Und die anderen Parteien und Medien übernehmen diese Begriffe, transportieren sie zumindest, indem sie sie kritisieren.

NIEHR: Ich glaube schon, dass die Medien ein Problem haben. Sie wollen einerseits objektiv und vollständig berichten. Andererseits bedienen sie damit genau die Strategie der Rechten. Selbst wenn sie distanziert zitieren, ist der Begriff in der Welt. Und die Rechten haben die Schlagzeilen für sich. Aber wenn sie es verschweigen, handeln sie sich den Vorwurf ein, »Lügenpresse« zu sein.

ZEIT ONLINE: Warum haben die Sprache und die Thesen der Rechten derzeit eine solche Konjunktur?

NIEHR: Vor allem haben sie jetzt eine Bühne. Die NPD gab es seinerzeit nur in ein paar Landesparlamenten. Was sich auch geändert hat in den letzten 20, 30 Jahren: Die Gesellschaft ist politisch korrekter geworden. Ich meine das nicht negativ. Es ist ja durchaus angemessen, dass man versucht, Minderheiten nicht zu beleidigen oder sprachlich zu diskriminieren. Ich muss immer schmunzeln, wenn es heißt: Früher, als Franz Josef Strauß und Herbert Wehner noch im Bundestag waren, ging es noch richtig zur Sache. Heute ist alles zu zahm. Aber ich glaube: Was sich Strauß und Wehner geleistet haben, könnte man heute nicht mehr bringen. So über den politischen Gegner herzuziehen oder einzelne gesellschaftliche Gruppen.

ZEIT ONLINE: Es war eben der normale Sound früherer Jahrzehnte ...?

NIEHR: Ja, so ein Wort wie zum Beispiel »Neger« war früher weniger problematisch. Heute kann man es nicht mehr unbefangen verwenden. Wir sagen »Afroamerikaner« – und das zeugt von einer höheren Sensibilität, über die ich mich persönlich freue. Allerdings: Eben gerade habe ich das Wort »Neger« selbst verwendet, quasi in Anführungszeichen, um etwas zu verdeutlichen. Das sieht man natürlich auch in solchen Datenanalysen wie der von Ihnen jetzt nicht, in welchem Kontext die Wörter gebraucht werden. Sie werden feststellen: Ausdrücke wie »Neger« oder »Negerprinzessin« tauchten 2012/13 wieder häufiger auf – wegen der Debatte, ob man sie in alten Kinderbüchern nun ersetzen soll. Nicht weil die Ausdrücke auf einmal wieder beliebt waren. Der Kontext, in dem Wörter verwendet werden, ist also wichtig.

ZEIT ONLINE: Fallen Ihnen noch andere Wörter ein, die aus dem politischen Diskurs verschwunden sind?

NIEHR: Natürlich gibt es Wörter mit Konjunktur. Junge Leute wissen vielleicht nicht mehr, was »Sit-ins« sind. Oder was mit »Happenings«, »Gammlern«, der »Kommune 1« oder der »APO« gemeint ist. Das sind Begriffe, die früher jeden Tag in der Zeitung standen.

ZEIT ONLINE: Gibt es auch Themen und Wörter, die gleichbleibend hoch frequent genutzt werden?

NIEHR: Ich nehme an, dass Wörter wie »Arbeitslosigkeit« oder »Vollbeschäftigung« anhaltend wichtig sind. Es sind relativ neutrale Wörter, die nicht ideologisch aufgeladen sind. Aber auch der Migrationsdiskurs wird seit der Nachkriegszeit geführt. Obwohl viele Rechte behaupten, man dürfe in Deutschland nicht über Migration reden. Das ist Unfug. Es wurde immer schon über Einwanderung geredet: Es gab »Heimatvertriebene«, »Gastarbeiter«, »Asylbewerber«, »Flüchtlinge«. Zuletzt haben neurechte Gruppen wie die Identitären den Begriff »Ethnopluralismus« geprägt. Ich bin am Anfang auch darauf reingefallen. Dachte, wow, interessant. Aber wenn man dahinter blickt, heißt das ja nur: Alle sollen schön in ihrem Land bleiben. Dann geht es allen gut.

ZEIT ONLINE: Eigentlich ist so etwas das Gegenteil von einem Tabu, oder? Gut klingende Wörter, die etwas anderes ausklammern, vielleicht auch, um es zu verbergen. Gibt es noch mehr solcher Trojanischen Pferde im politischen Diskurs?

NIEHR: »Identität« und »Volk«, auch diese Begriffe versuchen die Rechten, für sich zu vereinnahmen. Sie haben einen Volksbegriff, der von dem abweicht, was wir gemeinhin unter »Volk« verstehen. Die meinen das ethnisch. Und unterscheiden zwischen eingewanderten »Passdeutschen« und echten »Biodeutschen«. Die sprechen meist nicht offen von »Rasse«. Aber genau das meinen sie.

INTERVIEW: MICHAEL SCHLIEBEN ■

IST DAS SYSTEM RELEVANT?

Politiker müssen ihre Entscheidungen vor Wählern rechtfertigen. Manchmal tun sie das, indem sie behaupten, einen anderen Weg als den gewählten würde es nicht geben.

Bis Ende 2008 kam das Wort »systemrelevant« in den Reden des Bundestags nicht vor. Dann ging die amerikanische Investmentbank Lehman Brothers pleite. Als erste große Bank, die Konkurs anmelden musste, war Lehman Brothers nicht vom Staat gerettet worden. Die Auswirkungen waren weltweit zu spüren. Bei den Sparern und Anlegern sorgte diese Banken- oder Finanzkrise, wie sie genannt wurde, vor allem für Wut. Viele Menschen verstanden nicht, warum ihre Geldanlagen verloren waren, die dafür verantwortlichen Banken aber, wenn sie durch Misswirtschaft Schulden angehäuft hatten, mit Steuergeld gerettet werden sollten.

Die Politiker hingegen hatten vor allem Angst. Angst vor einer weltweiten Wirtschaftskrise mit zahllosen Arbeitslosen, aber auch Angst vor der Wut der Sparer. Um die Milliardenkredite, die sie an die Banken vergaben, politisch zu verteidigen, suchten sie nach neuen Argumenten und Vokabeln. Es mussten möglichst welche sein, die keinen Widerspruch zuließen. Und plötzlich tauchte dieser neue Begriff auf, der suggerieren sollte, dass etwas unumgänglich sei.

Finanzminister Peer Steinbrück (SPD) verwendete den Ausdruck in einer Bundestagsrede als Erster, als er am 25. No-

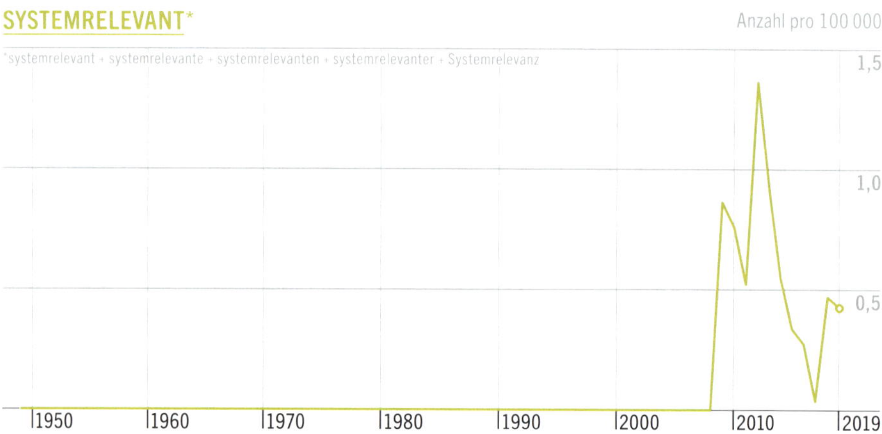

vember 2008 an die Opposition gewandt sagte: »Sie haben genauso wenig wie ich vorhergesehen, dass mit Lehman Brothers ein systemrelevantes Institut pleitegehen kann.« Ein für diese Zeit prototypisches Zitat, denn vor allem Banken und Unternehmen galten plötzlich als so lebenswichtig, dass ohne sie das gesamte – nicht näher definierte – System zusammenzustürzen drohte.

KEINE KRITIK, BITTE

Was genau aber war mit diesem »System« gemeint? Die Finanzwirtschaft? Deutschland? Die ganze Welt? Kein Politiker äußerte sich jemals näher dazu. In den entsprechenden Gesetzentwürfen tauchten vielmehr noch nebulösere Formulierungen auf. Kredite hießen dort beispielsweise »Kapitalpuffer für global systemrelevante Institute«, was sprachlich vertuschte, dass es im Grunde darum ging, den Banken faule Kredite abzukaufen, die sie leichtfertig vergeben hatten, und ihre Verluste mit Steuermitteln zu bezahlen.

Auch Bundeskanzlerin Angela Merkel nutzte diesen sprachlichen Trick, um jede Kritik an ihrer Politik zu ersticken. Sie prägte in den Debatten zum sogenannten Finanzmarktstabilisierungsgesetz 2009 das berühmt gewordene »alternativlos«, das im Grunde nichts anderes meint.

Möglicherweise hatte sie den Ausdruck von Margaret Thatcher übernommen. Einer der Spitznamen der langjährigen britischen Premierministerin lautete »TINA« – zusammengesetzt aus den Anfangsbuchstaben eines politischen Slogans, den sie oft wiederholte: »There is no alternative.« Das sollte heißen: So schmerzhaft die getroffene Entscheidung sei – alle anderen Wege seien noch schmerzhafter.

Thatcher ging es damals vor allem um Einsparungen von sozialen Leistungen. Deutsche Politiker verteidigten mit Wörtern wie »systemrelevant« und »alternativlos« hingegen Geschenke an Banken. Für die Wähler machte es keinen Unterschied; sie mussten dafür bezahlen. Es dauerte nicht lange, bis im öffentlichen Raum Aufkleber mit der Frage erschienen: »Ist das System relevant?«

Trotz derartiger Kritik ist das Wort aus der politischen Debatte nicht verschwunden. In der Coronakrise 2020, die leider in unserer Grafik nicht mehr auftaucht, wurde das Wort populärer denn je. Doch nun wurden ganz andere »systemrelevant« genannt. Niemand würde bestreiten, dass Ärzte und Ärztinnen, Pflegekräfte, Verkäufer und Verkäuferinnen unverzichtbar sind, um das »System«, in diesem Fall das tägliche Leben in Deutschland, aufrechtzuerhalten. Doch der Verdacht liegt nahe, dass es wieder nur eine Floskel ist. Denn warum schlägt sich ihre Systemrelevanz dann nicht in den Gehältern nieder? **KAI BIERMANN** ■

ADORNO UND DIE THEORIEFERNE DES PARLAMENTS

Natürlich betreibt der Bundestag vor allem politische Praxis. Aber ein bisschen Überbau könnte ja auch nicht schaden. In den Redeprotokollen findet sich davon wenig.

Manchmal sind die Dinge ganz anders, als sie zunächst erscheinen, und das ist manchmal ein bisschen schade. Wer Theodor Wiesengrund Adornos Namen in den Protokollen des Bundestags sucht und sich den Kurvenverlauf ansieht, findet – zwischen zwei kleineren Hubbeln – einen gewaltigen Ausschlag im Jahr 1967. Sofort denkt man an den Sozialistischen Deutschen Studentenbund, an wilde Hörsaaldiskussionen, das ganze akademische Vorspiel des Jahres 1968. Man stellt sich vor, wie in jenen politisch aufgeladenen Zeiten die Theoretiker der Stunde auch im Parlament heiß debattiert wurden.

Im Zusammenhang mit dem erstarkenden Rechtspopulismus spricht man heutzutage immer wieder von Adornos Vermächtnis – in der Erregungskurve der Bundestagsreden bildet sich allerdings vielmehr ein Gemächt ab. Darf man also davon ausgehen, um in diesem Sprachbild zu bleiben, dass der Philosoph schon zu Lebzeiten auch den parlamentarischen Diskurs penetriert hat?

Große Enttäuschung nach einem kurzen Blick in die Plenarprotokolle:

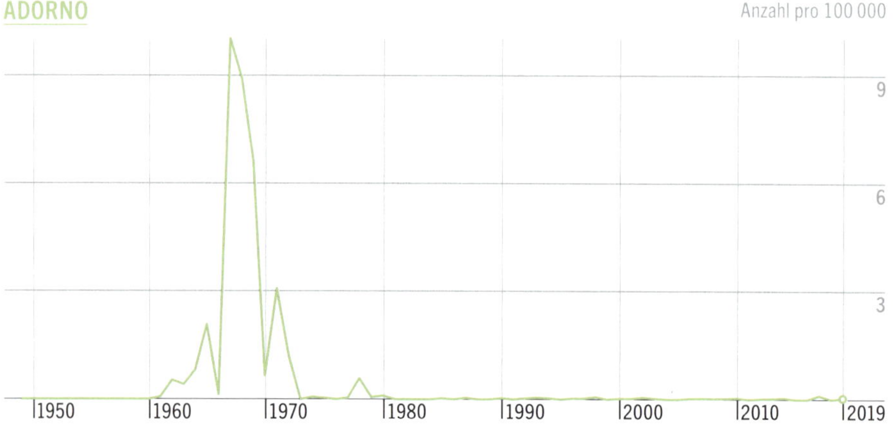

Im April 1967 wurde der CDU-Politiker Eduard Adorno zum Parlamentarischen Staatssekretär im Verteidigungsministerium ernannt. Bis zum Ende der Kiesinger-Regierung im Jahr 1969 beantwortete er dann allerlei Fragen des Parlaments zum Gebaren und zur Verfasstheit der Bundeswehr. Wenig könnte weniger mit Adornos Kritischer Theorie zu tun haben.

BUNDESTAG OHNE -ISMEN

Grundsätzlich haben es die Parlamentarier in ihren Debatten nicht so mit den gewichtigen Denkschulen ihrer Gegenwart. Kritische Theorie: nicht gefunden. Poststrukturalismus: nicht gefunden. Systemtheorie: nicht gefunden. Dekonstruktion: 2017 wurde mal vor der Dekonstruktion des Euro gewarnt. So war das doch alles nicht gemeint.

Und auch das: Der Marxismus zieht sich auf erstaunlich niedrigem Niveau als Schreckgespenst der Konservativen durch die Jahrzehnte, der Liberalismus hat lediglich 1966 einen größeren Ausschlag, als sich die Noch-Koalitionsparteien CDU, CSU und FDP etwas grundsätzlicher in die Haare kriegten. Der Sozialismus wiederum hat seine Peaks in den Jahren 1976 (Einschwörung auf den »Freiheit-statt-Sozialismus«-Wahlkampf der CDU) und 1990 (die Gründe sind offensichtlich). Dies spricht alles nicht für eine tiefere Auseinandersetzung mit größer gedachten Gesellschaftsentwürfen.

Es lässt sich natürlich auch positiv lesen: Wo sich die Menschen nicht an -ismen abarbeiten, herrscht – hoffentlich – weitgehend ideologiefreies Denken. Ein bisschen schade ist es aber schon, wenn die zivile Deliberation im Zentrum der Macht so selten die Hürde zum gelehrten Diskurs überspringt. Immerhin geht es bei Theorie ja immer darum, über das Offensichtliche hinauszuschauen, ein tieferes Verständnis der Welt und ihrer Zusammenhänge zu erlangen – was auch das politische Handeln positiv beeinflussen kann.

Heute wird in Bezug auf die Zusammensetzung der Parlamente ständig irgendeine Schieflage bemängelt: zu viele Juristen, zu wenige Facharbeiter, immer noch zu wenig Frauen. Vielleicht wären auch ein paar mehr theoriefreudige Philosophinnen und Politologen eine feine Sache. Adorno – der Philosoph, nicht der Staatssekretär – wurde zuletzt am 21. März 2019 von einem AfD-Abgeordneten zitiert. Der befand, es gebe sehr wohl – gähn – ein »richtiges Leben im falschen« (und den Völkermord an den Herero solle man ähnlich differenziert betrachten wie den Alltag in der DDR). Das könnte doch gut von aktuelleren, sinnreichen Erwähnungen des Philosophen verdrängt werden.

JOHANNES SCHNEIDER ■

WIE SCHON DINGENS EINMAL SAGTE

Sind deutsche Politiker eigentlich literaturfest? Und welche Schriftsteller zitieren sie am liebsten? Ein Streifzug durch 70 Jahre Bundestagsreden.

Ein echter Bundestagsredner weiß: Gegen die Flauheit des eigenen Worts hilft immer das Glutamat der Dichtung. Der echte Bundestagsredner weiß auch, dass geistreich eingestreute Zitate nie ohne ein einleitendes »Schon«, ein »Bereits« oder ein »Einmal« auskommen: »Schon Musil schrieb«, »Bereits Fontane bemerkte«, »Goethe sagte einmal«, und ja, meistens landete man im Bundestag bei ihm, wenn's etwas literarisch werden sollte: 584 Erwähnungen in 70 Jahren. Mehr als Grass, mehr als Böll, mehr als alle anderen. Fans des literarischen Idealismus könnten nun die 4649-fache Erwähnung von Schiller anbringen, aber da werden sie den einstigen Wirtschaftsminister Karl Schiller üppig herausrechnen müssen. Dieser war ein Teil von »Plisch und Plum«; der andere Teil hieß Strauß (16 104 Erwähnungen), nicht Botho, sondern vielmehr Franz-Josef.

Friedrich Schiller also abgeschlagen, aber noch vor Lessing, noch weiter vor Kleist und natürlich auch vor Friedrich Hölderlin. Die letzte Hölderlin-Erwähnung fiel 2018 in einer Rede eines CDU-Abgeordneten, in der er zu seinem Vorredner von der AfD sagte, er erinnere sich da an den Spruch des Dichters: »Es tönt hohl im innersten Hain.« In der wundervollen Hölderlin-Gesellschaft in der wundervollen

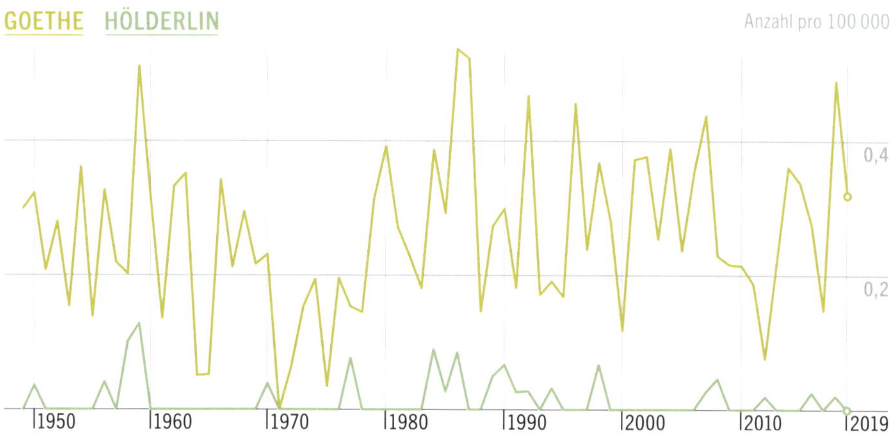

Hölderlin-Stadt Tübingen kennt man diesen Satz leider nicht, freut sich aber, dass mal jemand anruft. Und auch sonst gibt's Anlass zu guter Laune: eine stabile Mitgliederzahl von 900, allein 14 Neuanmeldungen in diesem Jahr. Hölderlin, das muss man hier einmal sagen, ist im Kommen. Schließlich sind wir im Hölderlin-Jahr.

Tatsächlich gibt es eine Stelle im Gedicht »Germanien«, die dem Zitat des Abgeordneten zumindest ähnelt. Sie lautet »Und es tönt im innersten Haine«. Da klingt nichts »hohl« im Walde, man stellt sich vielmehr den geheimnisvollen Gesang von Nachtigall und Fledermaus vor, das beredte Rascheln der Blätter und des Farns, unter dem der Dachs (sechs Bundestagserwähnungen, auch so ein politisches Repräsentationsproblem) ausgelassen Skat spielt. Hölderlin, ach, ohne Zweifel ein großer Lyriker (19 Erwähnungen), der allerdings auch gut gemeinte politische Umdichtungen nicht verdient hat, selbst wenn es gegen die AfD geht.

Und was sagte Baudelaire wohl dazu, dass er überhaupt nur in Drogendebatten genannt wird, so wie Cocteau und Proust? Was hielte Sartre davon, dass sein Name im Bundestag zuletzt meistens als Titel einer Studie zum Straßenverkehrsrisiko gefallen ist, in der es unter anderem um die Akzeptanz eines Alkoholverbots unter Fahranfängern geht? Und wo kamen je Schriftstellerinnen vor: nicht ein Verweis auf Annette von Droste-Hülshoff, keine Gisela Elsner, keine Susan Sontag, nicht einmal Joanne K. Rowling und Virginia Woolf schon gar nicht, immer nur der Wolf, der Wolf, der Wolf – wegen der Sorgen der Bürger in Ostdeutschland. Brauchen wir eine Quote für *quotes*?

Das alles sind weiterführende Fragen für den Band »70 Jahre Bundespolitik und ungefähr 3021 Jahre Weltliteratur«, der möglicherweise demnächst erscheinen wird, der Volksnähe wegen ohne Ledereinband und Schmuckschuber, weil »in der Beschränkung zeigt sich der Meister«, wie, ähem, schon, bereits, bekanntermaßen, einst und einmal, Sie wissen schon, Goethe schrieb, in einem Sonett oder einem Gelegenheitsvers. Macht das in dem Hohen Haus noch einen Unterschied? Na, hoffentlich! Und damit Literaturzitate sich dort wieder lohnen, empfehlen wir zum Schluss allen Bundestagsvorsitzenden einen Satz von Gottfried Benn (13 Erwähnungen), erstens als vorauseilenden, sachgrundlosen Ordnungsruf an jeden Redner und jede Rednerin, zweitens passt er nebenbei auch zu den meisten außerparlamentarischen Gelegenheiten: »Kommen Sie pünktlich und bleiben Sie nicht so lange.« **DAVID HUGENDICK** ■

ES MÖGE ENDLICH JEMAND KLARTEXT SPRECHEN

Deutsche Politiker reden viel und handeln wenig. Sie dreschen Phrasen und üben sich in bloßer Rhetorik. Klartext spricht fast niemand, glaubt man denn den 70 Jahren Bundestagsprotokollen.

Klartext sprechen, das heißt laut Duden, offen und unverblümt die eigene Meinung sagen. Klartext, so die zweite Wortbedeutung, nennt man aber auch einen Text, der in normaler, nicht verschlüsselter Schrift verfasst ist. Und damit für jeden verständlich. Das klingt erst einmal positiv. In der Politik ist der Ausdruck jedoch eher eine Floskel, denn schließlich sollte politische Sprache immer allgemein verständlich sein.

Zum ersten Mal wurde über einen solchen klaren Text in den Bundestagsdebatten 1964 gesprochen – allerdings ging es damals darum, dass Klartext vermieden werden sollte. Diese Meinung vertrat Richard Stücklen, damals als Postminister in einem Amt, das es seit 1997 nicht mehr gibt. Es ging darum, Telefonate abhörsicher zu machen und zu vermeiden, dass die geführten Gespräche mit einfachen technischen Mitteln mitgehört werden konnten.

ES GEHT UM VERSTÄNDLICHKEIT

Doch Stücklens Verwendung des Begriffs ist im Bundestag eine Ausnahme. Schaut man sich die Bundestagsdebatten an, dann wird schnell klar, warum der Ausdruck dort gemeinhin als Phrase zu werten ist. Immer wieder forderten Abgeordnete von Kollegen oder Kolleginnen, doch nun endlich Klartext zu sprechen.

Das galt für mündliche Auseinandersetzungen, aber auch für schriftliche Dokumente. So verlangte beispielsweise der SPD-Abgeordnete und spätere Verfassungsrichter Martin Hirsch 1968, man möge Gesetze doch bitte im Klartext verfassen und von der Methode des ausgiebigen Verweisens auf andere Gesetze absehen. Denn Gesetze sollten auch für den »normalen« Menschen verständlich sein. Leider wurde er bis heute nicht erhört.

Auch der damalige Bundesminister für Arbeit und Sozialordnung der SPD, Walter Arendt, forderte 1971 Klartext. Sein Bestreben war es, das »Rentenchinesisch« des politischen Gegners zu entschlüsseln: Es solle doch Klartext gesprochen und geschrieben und endlich auf den Punkt gebracht werden, welche Ansprüche der Einzelne habe. Im Idealfall so, dass jeder es verstehe.

Klartext, das meint eine Sprache, die jede und jeder versteht. Üblicherweise ist das die Standardsprache, es kann aber auch das Gegenteil gemeint sein, der Dialekt nämlich. So glaubte etwa 1967 der stellvertretende Vorsitzende des Bundestagsausschusses für Arbeit, der geborene Münchner Erwin Folger, dass man in einigen Gegenden besser verstanden würde, wenn man so spräche und schriebe, wie die Menschen in ihrem Alltag kommunizierten. Er warb dafür, in Gesetzestexten unter Umständen auch mundartliche Ausdrücke zu erlauben. Denn ein Pflasterer sei bei ihnen (in Süddeutschland) kein Straßenbauer, ein Hafner (anderswo Kachelofensetzer genannt) kein Keramiker: »Wie die Leute dumm schauen würden, wenn ein Keramiker kommen würde, um einen Ofen zu reparieren; die Leute würden gleich mit Grausen an die Rechnung denken.« Durchgesetzt hat sich aber auch dieser Wunsch nicht.

LÜGE, LÜGEN ODER LÜGNER

Die Abgeordneten nehmen gern für sich in Anspruch, Dinge besser zu machen als ihre politischen Gegner. Dazu zählt natürlich auch das Klartext-Reden. Im Jahr 1995 wurde das Wort in den Bundestagsreden mit 78 Treffern am häufigsten verwendet. In den Protokollen weisen sich die Redner und Rednerinnen gegenseitig immer wieder darauf hin, was etwas im Klartext wirklich heiße und wo der Kollege oder die Kollegin eben nicht die ganze Wahrheit gesagt habe. Es scheint eine Zeit großer Verwirrung gewesen zu sein.

Die Wahrheit übrigens, sprachlich so etwas wie die große Schwester des Klartextes, hat in den Protokollen der Bundestagsreden dauerhaft Konjunktur. Insgesamt über 22 800-mal verwiesen die Parlamentarierinnen und Parlamentarier auf sie.

Oft geht es, genau wie beim Klartext, um den Vorwurf, dass der andere nicht offen ausspreche, was er meint. In einem Protokoll aus dem Jahr 1976 fallen die Wörter »Lüge« und »Lügen« ganze 14 Mal: Ein Sprechchor der CDU/CSU rief sie mehrmals dazwischen, um die Ausführungen von Parteikollege Franz Josef Strauß zu unterstreichen. Er kritisierte die Konjunkturpolitik der Regierung und warf dem SPD-Abgeordneten Hans

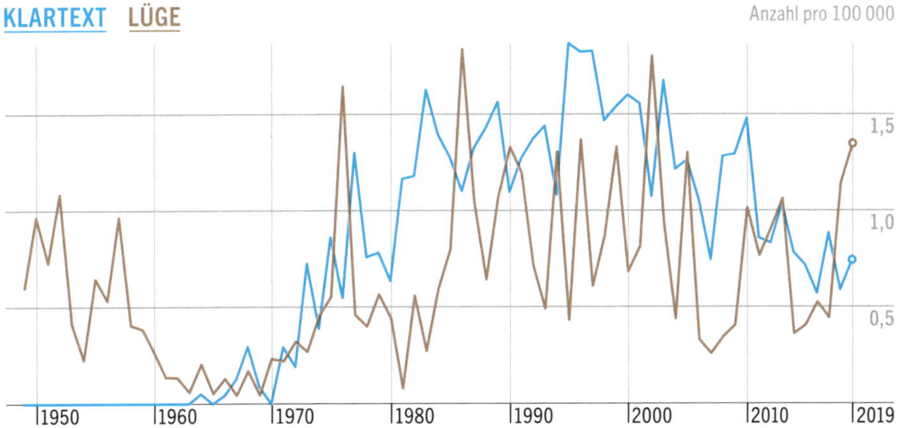

Apel, zu dieser Zeit Finanzminister, eine »echte Lüge« vor. Die damalige Präsidentin des Bundestags Annemarie Renger, übrigens die erste Frau in diesem Amt, rügte dafür zuerst Strauß, dann den CDU-Abgeordneten Jürgen Wohlrabe, der den Sprechchor wohl angeführt hatte.

Nebenbei: Wohlrabe war einige Jahre zuvor von einem der bekanntesten Provokateure des Deutschen Bundestags, dem SPD-Abgeordneten Herbert Wehner, als »Übelkrähe« (1970) und dann auch noch als »Schwein« (1974) beschimpft worden. Ausgerechnet diese beiden Einwürfe trugen Wehner, der insgesamt 77-mal gerügt wurde, keinen Ordnungsruf ein.

Das Wort »Lüge«, und das mag vielleicht sogar beruhigend sein, fiel insgesamt mit knapp über 3000 Nennungen über 70 Jahre deutlich seltener als »Wahrheit«. Auch wenn die Daten zeigen, dass in der letzten Zeit wieder häufiger von »Lügen« die Rede ist. Vor allem, seit 2017 die AfD in den Bundestag eingezogen ist. Die Partei hat beispielsweise die einst von den Nationalsozialisten häufig benutzte Schmähbezeichnung »Lügenpresse« als politisches Schlagwort in die Debatten getragen und behauptet gern, die einzige zu sein, die die ganze Wahrheit kenne und benenne. Gut möglich also, dass auch der Klartext bald wieder einen Karriereaufschwung erlebt. **MARIA MAST** ■

WAR DER TON EINST RAUER?

Der Bundestag, so scheint es, wird friedvoller. Zumindest werden Zwischen- und Zurufe seltener. Warum das so ist, darüber kann man lustvoll spekulieren, denn dazu schweigen die Protokolle.

Man kann es sich, auch ohne je an einer Bundestagsdebatte teilgenommen zu haben, vorstellen: Es gibt Ereignisse und Themen, die mehr Zwischenrufe provozieren als andere. Und ja, es gibt auch Politiker und Politikerinnen, die mehr Protest hervorrufen als andere.

Um die Kurve zu verstehen, muss man zunächst festhalten, dass der Begriff »Zuruf« von den Protokollanten und Protokollantinnen des Bundestags verwendet wird, nicht von den Abgeordneten. Damit ist es auch allein dem Protokollteam überlassen zu entscheiden, was als Zuruf im Protokoll vermerkt wird und was nicht. Laut parlamentarischer Geschäftsordnung soll zwar jeder verbale Einwurf, der »das Ohr des Stenografen erreicht«, verzeichnet werden. Im Einzelfall ist das aber nicht immer einfach.

»Zurufe« tauchen daher in den meisten Fällen als einordnende Anmerkung des Protokollanten auf. Zusätzlich sind sie in den Texten typografisch als solche gekennzeichnet – durch eine Einrückung und durch Klammern. Aber manches Mal verwendeten die Abgeordneten den Begriff auch selbst, meist um unmittelbar Bezug auf das zu nehmen, was da eben *ihr* Ohr erreicht hatte. Wobei die Abgeordneten viel häufiger das geläufigere Wort »Zwischenruf« verwenden. Ein anschauliches Beispiel für diese kleine Unschärfe liefert die Sitzung vom 24. Februar 1955, in der ein Unionsabgeordneter auf den protokollierten »Zuruf« seitens der Opposition erwiderte: »Sie armseliger Zwischenrufer aus dem Hintergrund.«

DAS ERSTE JAHR WAR DAS HÄRTESTE

Um nun abzuschätzen, ob es Phasen in der Geschichte des Bundestags gab, in denen sich die Volksvertreter und Volksvertreterinnen besonders gerne gegenseitig unterbrachen, ist es sinnvoll, sich die relative Nutzung von »Zwischenruf« und »Zuruf« anzusehen, wie sie die Grafik zeigt, und nicht die absolute Anzahl. Relativ am häufigsten dazwischengerufen wurde demnach mit 286 je 100 000 protokollierten Wörtern gleich im ersten Jahr des Bundestags.

Das erklärt sich vermutlich daraus, dass die Abgeordneten zunächst zu einem eigenen Tonfall ihres Gremiums finden mussten. So konnte der kommunistische Abgeordnete Heinz Renner in der fünften Sitzung des Bundestags in einer Debatte über den Verbleib deutscher Kriegsgefangener in Russland noch rufen: »Fragen Sie Hitler!« – ein Scherz, wie er heute nur schwer vorstellbar wäre.

Danach pendelte sich das relative Maß der Zurufe über Jahre auf etwa 100 Nennungen pro 100 000 Wörter ein. 2009 und 2014 war das niedrigste Niveau seit Bestehen des Bundestags erreicht: Damals kam es durchschnittlich gerade mal zu 33 protokollierten »Zu- und Zwischenrufen«.

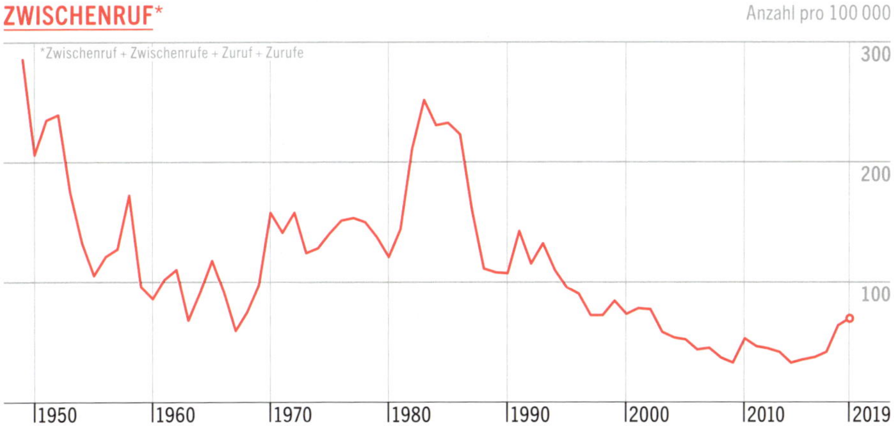

Um einiges wilder waren da die 1980er-Jahre. Nie wieder unterbrachen sich die Abgeordneten gegenseitig so oft wie 1983. Auch absolut gezählt waren es in diesem Jahr mit 5573 Zurufen so viele wie niemals zuvor und danach. Zum Vergleich: 2019 waren es nicht mal 2000. Zehn Jahre zuvor, 2009, waren es sogar nur 1216. Wer mag, kann diesen Tiefpunkt interpretieren. War es das Jahr der diszipliniertesten Abgeordneten? Oder das der langweiligsten Redner und Rednerinnen? Möglicherweise war es auch das Jahr der zur Schau gestellten Harmonie in der großen Koalition Merkel-Steinmeier.

LEBHAFT-KONTROVERS ODER HARMONIEBEDÜRFTIG?

Manche Zurufe sind heute wirklich nicht sehr originell, wie der eines ungenannten SPD-Abgeordneten im September 2019. Als der FDP-Abgeordnete Daniel Föst im September 2019 auch nicht gerade provokant darüber sprach, die SPD liefere sich »einen Überbietungswettbewerb ... sozialistischer Nonsensideen«, und damit den Mietendeckel meinte, rief ein ungenannter SPD-Abgeordneter dazwischen: »Machen wir doch gar nicht!«

Lebhaft-kontrovers muss man sich dagegen die Debatte am 8. Dezember 1983 vorstellen. Ganze 416 Zurufe wurden damals innerhalb einer einzigen Sitzung protokolliert. Am Ende kam es gar noch zu einem Ordnungsruf, der an die zwei SPD-Abgeordneten Hartmut Soell und Jürgen Egert erging, weil sie »nicht-parlamentarische Ausdrücke« verwendet hatten: Egert hatte ein »Dummkopf« dazwischengerufen, Soells Bemerkung wurde wohl nachträglich getilgt. Die Geschäftsordnung lässt das zu, wenn der betreffende Abgeordnete es wünscht und der Bundestagspräsident es gestattet. Dabei ging es in der Debatte, man mag es kaum glauben, um etwas scheinbar so etwas Unspektakuläres wie das Haushaltsgesetz fürs kommende Jahr.

In diesem Zusammenhang lohnt sich übrigens ein Blick auf den »Beifall«, der ja auch eine Art von Redeunterbrechung ist und ebenfalls protokolliert wird. Er hat seit Beginn der Aufzeichnungen stetig zugenommen. Und das ist doch einigermaßen erstaunlich. Spaßeshalber könnte man sich fragen: Hat sich der Bundestag von einem rüden Haufen zu einer konstruktiven und funktionierenden Institution der bundesdeutschen Demokratie gewandelt? Oder ist aus einer diskursfreudigen, um Ideen ringenden Volksvertretung ein braver, harmoniebedürftiger Kreis von Abnickern geworden? Leider gibt das Protokollteam des Bundestags dazu keine einordnenden Hinweise. WENKE HUSMANN ■

WER ZULETZT LACHT

Natürlich darf im Bundestag auch gelacht werden. Doch ist das Lachen dort meistens kein Ausdruck von Freude, sondern der Versuch, dem Gegner die Zähne zu zeigen.

Wenn ein Stenograf oder eine Stenografin des Bundestags in einem Redeprotokoll »Lachen« notiert, dann ist das nicht lustig gemeint. Lächeln, sagt ein Bonmot, sei die eleganteste Art, dem Gegner die Zähne zu zeigen. Im Bundestag wird das wörtlich genommen und dem politischen Gegner durch Lachen laut und deutlich gezeigt, was von seinen Äußerungen zu halten ist. Es gehört zum üblichen Schlagabtausch, die Aussagen eines Parlamentskollegen oder einer Parlamentskollegin mit lautem und oft auch verächtlichem Lachen zu quittieren. Und so notieren die Stenografen diesen Ausdruck, wenn sie entsprechende Unmutsäußerungen deutlich machen wollen.

Über die Jahrzehnte scheint es dabei so etwas wie Konjunkturphasen des Lachens zu geben, Perioden also, in denen das Lachen über Redebeiträge der Kollegen oder Kolleginnen häufiger ist als in anderen. Möglicherweise ist das ein Ausdruck für die Härte, mit der die politische Debatte geführt wurde.

LACHEN ALS KRITIK

1970 bis 1977 war so eine Phase. Eine Zeit der Umbrüche. Zum ersten Mal war 1969 mit Willy Brandt ein Sozialdemokrat Bundeskanzler geworden, zum ersten Mal war die Union in der Rolle der Opposition, zum ersten Mal

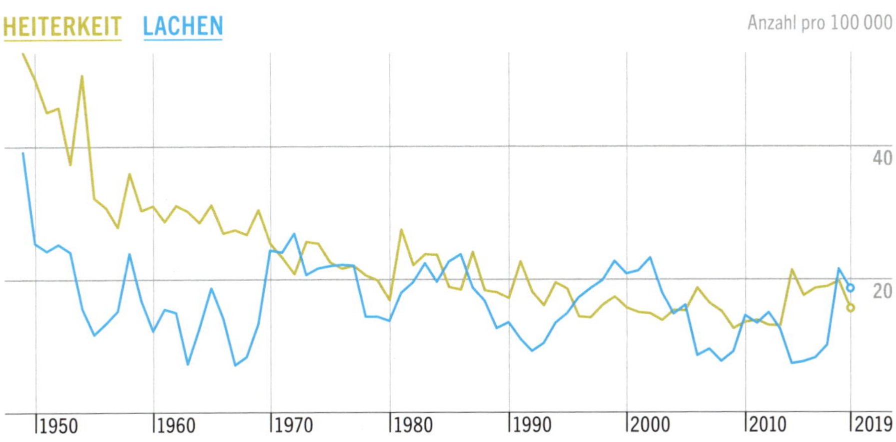

wurde im Bundestag ein Misstrauensvotum gestellt. Fast 200-mal notierten die Stenografen den Ausdruck »Lachen« allein im siebten Bundestag von 1972 bis 1976. Das kritisierende Gelächter setzte sich auch in der nächsten Legislaturperiode fort, in der Brandt aufgrund der Spionageaffäre um Günter Guillaume zurücktreten musste und Helmut Schmidt Kanzler wurde.

Die nächste Konjunktur des kritisierenden Lachens lässt sich von 1983 bis 1986 beobachten. Es war die Zeit, in der die Grünen in den Bundestag einzogen. Sie brachten viele neue Debatten mit und veränderten die alten. Das bis dahin gültige Dreiparteiensystem wurde durch sie aufgebrochen, neue Koalitionen wurden möglich, vor allem aber neue politische Kämpfe. In den Plenarprotokollen findet sich nun im Vergleich zur Legislatur davor mehr als doppelt so häufig der Hinweis »Lachen«.

Die dritte Phase folgte von 1999 bis 2002. Es war die erste Regierungszeit des sozialdemokratischen Bundeskanzlers Gerhard Schröder. Wieder eine Zeit der großen Veränderungen bestehender Systeme. Das Lachen stieg mit 243 Notierungen in einer Legislatur auf einen neuen Höchststand.

Ähnliches ist auch in der jüngsten Zeit zu beobachten. 2017 wurde mit der AfD wieder eine neue Partei in den Bundestag gewählt. Und wieder erlebt das Lachen über den politischen Gegner eine Konjunktur. Vor allem SPD und Grüne zeigen der AfD auf diese Art die Zähne. Die AfD hingegen versucht, vor allem gegenüber Union und SPD ihr Missfallen durch hämisches Lachen deutlich zu machen.

Das Lachen ist damit auch Ausdruck des tiefen Grabens, der sich nun durch den Bundestag zieht, und der Versuch der Parlamentarier und Parlamentarierinnen, diesen deutlich zu machen.

HEITERKEIT HERRSCHT IMMER SELTENER

Selbstverständlich wird im Parlament aber auch herzlich und voll Freude gelacht. Um den Unterschied deutlich zu machen, notieren die Stenografen und Stenografinnen jedoch den Ausdruck »Heiterkeit« im Protokoll. Wer die Kurve betrachtet, der kann allerdings den Eindruck gewinnen, dass es in der deutschen Politik ernster und ernster zugeht. Seit Gründung des Bundestags werden die Nennungen stetig seltener. Ob die Zeiten ernster werden oder ob die Abgeordneten ihre Arbeit ernster nehmen? Das lässt sich aus der reinen Häufigkeit an Nennungen nicht ablesen.

Den Anspruch, gelegentlich auch etwas weniger ernst sein zu dürfen, gab es zumindest einst. So sagte der Unionsabgeordnete Hans Dichgans am 25. Oktober 1967: »Nun, ich möchte hier leidenschaftlich für das Recht der Abgeordneten eintreten, Unsinn zu reden. (Heiterkeit und Beifall.) Es ist eines der Grundrechte des Parlaments.«

KAI BIERMANN